Johann Baptist Kleber

Rechtfertigung der 2 theologischen Gutachten von Heidelberg und Straßburg

über Lehrsätze aus der praktischen Philosophie

Johann Baptist Kleber

Rechtfertigung der 2 theologischen Gutachten von Heidelberg und Straßburg
über Lehrsätze aus der praktischen Philosophie

ISBN/EAN: 9783744702966

Hergestellt in Europa, USA, Kanada, Australien, Japan

Cover: Foto ©ninafisch / pixelio.de

Weitere Bücher finden Sie auf **www.hansebooks.com**

Rechtfertigung

der

beiden theologischen Gutachten

von

Heidelberg und Straßburg

über

Lehrsätze

aus der praktischen Philosophie,

in welcher

der Ungrund

einer sogenannten gründlichen Widerlegung

derselben gezeigt wird

von

Johann Baptist Kleber,

Weltgeistlichen, der dogmatischen Theologie
auf der Universität zu Heidelberg öffentlichen, und
ordentlichen Lehrer, Mitglied der theologischen
Fakultät.

Gedruckt mit Joh. Bapt. Wiesens Schriften.

Innhalt.

Veranlaßung dieser Rechtfertigung.

I. Hauptstück.

Ob Selbstliebe der einzige Grundtrieb des Menschen sey?

I. Abschnitt. Begriff der Selbstliebe, und des Vergnügens überhaupt.

II. — — Sinnliches Vergnügen.
III. — — Vernünftiges Vergnügen.
IV. — — Begriff des Nutzbaren.
V. — — Nähere Bestimmung der Selbstliebe.
VI. — — Selbstliebe ist ein Grundtrieb des Menschen.
VII. — — Selbstliebe kann nicht der einzige Grundtrieb des Menschen seyn.
VIII. — — Entdeckung der Quellen, aus welchen die irrige Meinung, daß Selbstliebe der einzige Grundtrieb sey, herfließet.

II. Hauptstück.

Rechtfertigung des Heidelberger und Straßburger Theologischen Gutachten, in soweit sie sich auf die nemliche Sätze beziehen.

I. Abschnitt. Beantwortung der Einwürfe gegen das Theologische Gutachten über den 12 Lehrsatz des Badischen Lehrers.

II. Abschnitt. Prüfung des 6ten Lehrsatzes aus der Sittenlehre.

III. — — Beantwortung der Einwürfe wider das Theologische Gutachten über diesen Lehrsatz.

IV. — — Prüfung des 34 Lehrsatzes.

V. — — Beantwortung der Einwürfe wider das Theologische Gutachten über diesen Lehrsatz.

III. Hauptstück.

Anmerkungen über die Beurtheilung des Straßburgischen Gutachtens, in soweit es nebst den drei bisher abgehandelten Sätzen noch etwelche andere auszeichnet.

Ver=

Veranlaßung dieser Rechtfertigung.

Erst vor etlichen Tagen kam mir eine Schrift in die Hand mit dem Titel: Schreiben an einen Freund, in welchem die Beurtheilung beider theologischen Facultäten (nemlich zu Heidelberg und Straßburg) gründlich widerlegt werden. Ich war begierig sie zu lesen. Ich fieng an, und las gleich Anfangs den wichtigen Ausspruch, den der Verfasser dieser Schrift mit einem Blicke auf unser Jahrhundert that: Daß es eine widersprechende Erscheinung sey. Von der einen Seite zu tolerant, von der andern vom Verdammungsgeiste zu sehr belebt. Dieser Satz gefiel mir recht herzlich: er stimmte mit meiner Gesinnung überein, die ich schon vorher gefasset hatte, da ich die verschiedenen Vorfälle unserer Zeiten überdachte: wo ich meistentheils fand, daß bald der toleranten, bald der untoleranten Geist bis zum Enthusiasmus ausschweife. Der Verfasser hatte mich also

also schon lieb gewonnen: ich bauete schon auf seine Einsicht und Billigkeit. Nun ward ich mehr begierig, wie er diesen Satz im gegenwärtigen Falle werde angewandt haben. Ich las, und las immer weiters fort, und fand endlich zu meiner Erstaunung, daß der tolerante Herr, aus lauter Tolerantismus, die beiden theologischen Gutachten offenbare Feinde der Vernunft, die Glieder der theologischen Fakultäten blind, thörigt, unwissend, und so weiters, und dieß alles mit kaltem Blute nannte. Da wußte ich nicht, wie es mir geschah. Ich raffte mich zusammen, und fieng wieder zu lesen an, und zwar an der Geschichtserzählung (denn diese schickt der Verfasser seiner Beurtheilung voraus.) In dieser sah ich hauptsächlich den Badischen Lehrer, und jenen, dem Verfasser so ehrwürdigen, Vatter Sch... ausgezeichnet. Von jenem heißt es: daß er ein Mann sey, der ziemlich Kopf, und ein gutes Herz habe; der mit der Zeit ein Ganzes zu werden verspreche x. x. Der auffallend heller und richtiger, als andere, aber nur zu seinem Unglücke sehe und denke. Die anderen aber, und besonders der immer ehrwürdige Vatter Sch... zische (nemlich so, wie jenes Thier, dem es eigen ist) weil der philosophische Lehrer Feders Lehrbuch, als eines Protestanten, der katholischen Jugend in die Hände gebe. Er habe also die Sache höhern Ortes berichtet; den Hirten der Speierischen Kirche aufgewecket; und so viel veranlaßet: daß der Gebrauch des Federischen Lehrbuches untersagt wurde. Mitlerweile, als der Badische Lehrer die nun bekannten Lehrsätze in

deutscher

deutscher Sprache aufgesetzet, habe der Tod- und Verfolgung athmende Vatter Sch... diese neue Gelegenheit ergriffen, die Lehrsätze durchblättert, und, weil er sie nicht verstand, noch die darin enthaltenen Irrlehren und Sittenverderbnisse zuvor approbiret waren; so habe er bei dem Bischoffe von Speier den wirklichen Abruf des Lehrers bewirket. Da aber dieser vor seinem Bischoffe nicht erschienen, sey die Sache in jene Lage verfallen, in der sie wirklich ist.

Vorher wußte ich die Geschichte nicht so, als ich sie wirklich gelesen habe: nun aber habe ich schon eine sichere Nachricht, denn da der Geschichtschreiber mit so vieler Kaltblütigkeit redet; kann ich ihm meinen Beifall nicht versagen. Das Resultat, so ich gegenwärtig aus dieser Geschichtserzählung ziehe, ist dieses: der philosophische Lehrer dachte weit heller, und richtiger als andere; er fühlte es auch, daß er so denke, (denn so viel Zutrauen mochte er wohl für sich haben.) Er konnte also etwas erhaben auf andere herab sehen, die seine Philosophie, wie er meinte, nicht studiert hatten, und nicht verstanden. Diesen that es leid, daß ein junger Mann sie übersehen sollte; Sie waren Theologen, und kannten die Wahrheiten der Religion; denen keine Philosophie widersprechen kann. Sie zeigten also die Lehrsätze, die ihnen anstößig schienen, an dem gehörigen Orte an; besonders, da sie aus jenem Lehrbuche gezogen waren, dessen Gebrauch schon vorhin untersagt war. Ich weiß zwar nicht,

nicht, ob dieses die einzige Ursache gewesen; doch wenn auch der Beweggrund von dieser Anzeige nicht ganz übernatürlich war: so konnte doch die Hirtensorge des Bischoffes, und die Beurtheilung des gewissenhaften Theologen reine Absichten haben. —

Nun geht es weiters an die Beurtheilung selbst. Da wird der Beurtheiler erst recht kaltblütig; denn er hat sich's zum ausdrücklichen Vorsatze gemacht. Er nimmt das Heidelberger Gutachten zuerst vor, und will den Verfassern desselben Schritt für Schritt folgen. Wir wollen ihm auf seinen Schritten nachsehen; und wenn er hie und da strauchelt, oder Fehltritte thut, wollen wir uns bemühen ihn zu stützen, oder wiederum in das Gleis einzuführen.

Doch muß ich noch zuvor die Hauptfrage: Ob Selbstliebe der einzige Grundtrieb des Menschen sey, etwas weitläuftiger entwickeln; denn da die Beantwortung dieser Frage ganze Ketten von Wahrheiten in sich fasset: so kann man auf sonderheitliche Einwürfe einzelne Wahrheiten nicht entgegen setzen; indem sie ihr Licht und ihre Stärke verliehren würden, wenn sie von den damit verbundenen Wahrheiten abgerissen würden.

Vielleicht wird mancher Leser dafür halten, die Entwickelung dieser Frage sey ausschweifend, und zu weit hergeholt: allein ich schmeichle mir, daß man mich nach

ganz

ganz gelesener Schrift von diesem Fehler werde losspre=
chen. Denn in der Folge wird sich's zeigen, daß erstens
nichts ohne seinen Nutzen hingeschrieben, zweitens, daß
der ganze Umfang jener unzähligen Gegenstände, auf
die sich die Selbstliebe beziehet, in ein kurzes System zu=
sammengefasset sey.

I. Hauptstück.
Ob Selbstliebe der einzige Grundtrieb des Menschen sey?

I. Abschnitt.
Begriff der Selbstliebe und des Vergnügens überhaupt.

Selbstliebe ist eine wirksame Neigung sein Vergnügen und seinen Nutzen zu befördern. Die Selbstliebe beschäf= tigt sich also mit seinem Vergnügen und seinem Nutzen. Vergnügen und Nutzen sind etwas relatives: sie beziehen sich auf das Subjekt, das Vergnügen und Nutzen em= pfängt. Das Subjekt kann sich leidend oder thätig ver= halten: so wie der Gegenstand, der das Vergnügen und den Nutzen gewähret. Man muß also in dem Subjekte Kräften, oder Fähigkeiten betrachten, die in die Wir= kung übergehen können: man muß das Vermögen zu lei= den aufsuchen, das ist, man muß sehen was für Verän= derungen in dem Subjekte durch die Wirksamkeit der Ge= genstände können erreget werden.

Hat man das Subjekt so betrachtet; so muß man weiters untersuchen, in was für Umstände es könne versetzet werden: welche Gegenstände auf selbes wirken, und welche gegenseitig seine Wirkung empfangen können. Da nun das Subjekt des Vergnügens, und Nutzens der Mensch ist: so muß man alle Fähigkeiten des Menschen, sowohl zu leiden, als zu wirken, aufsuchen.

Der Mensch ist kein einfaches Wesen; er ist zusammen gesetzet von Geist, und Körper. Der Körper ist wiederum zusammen gesetzt aus verschiedenen Theilen, die sich endlich vielleicht bis in die Atomen, als ihren Urstoff, verliehren. Man muß also die Eigenschaften des Körpers, und der Seele durchforschen. Der menschliche Körper ist eine so künstliche Maschine: daß man seinen Bau noch nicht genug einsehen, und das, was man eingesehen, nicht genug hat bewundern können. Die Kenner der Zergliederungskunst lehren uns, daß dieser Körper mit unzählbar vielen Nervenfäden durchschlungen sey, die sich endlich in so feine Fäserchen verliehren, daß sie durch keine menschliche Kunst können entdecket werden. Alle diese Nerven und Fäserchen stehen in der engsten Verbindung mit einander; keines kann erschüttert werden: ohne daß es nicht allen übrigen seine Bewegung mittheile. Die Bewegung geschiehet nach mechanischen Gesetzen; nachdem sie dicht, oder fein; gespannt, oder nachgelassen sind, nachdem ist ihre Bewegung. Sie ergießen sich bis an die äussersten Gränzen des Körpers,

und

und fließen wiederum an einem Orte in dem Gehirne zusammen.

Wirket ein Körper ausser dem Menschen auf die äusseren Theile des menschlichen Körpers, und bringt er sie in Bewegung: so wird diese Bewegung, vermittels jener Nerven, in der gröſten Geschwindigkeit bis ins Gehirne fortgepflanzet. Will der Mensch selbst die Theile seines Körpers in Bewegung setzen; so kann er es durch Beihilfe derselben Nerven mit gleicher Geschwindigkeit: die Theile bewegen sich so, wie es ihre Beschaffenheit, und ihr innerer Bau erfodert.

Mit diesem Körper ist die Seele des Menschen auf das engste verknüpfet, keine Veränderung kann in dem Körper vorbeigehen, an welcher die Seele nicht Theil nimmt: und wiederum keine, der Seele eigene, Veränderung kann geschehen, die nicht in den Körper übergehet, und eine übereinstimmende Bewegung verursachet. Dieses beweist die Erfahrniß.

Wir haben also Grund zu behaupten, daß in dem Körper eine Fähigkeit liege, Bewegungen zu empfangen, und mitzutheilen: daß in der Seele ein Vermögen sey, die Bewegungen des Körpers gewahr zu nehmen, oder zu empfinden, ein anderes, die Bewegungen in dem Körper zu erregen.

Das Vermögen der Seele, vermittels des Körpers zu empfinden, läßt sich weiters in fünf Arten abtheilen, nachdem die körperlichen Werkzeuge verschieden sind, derer sich dieselbe in ihren Empfindungen bedienet. Denn obschon die erste Anlage des ganzen Körpers ähnlich ist; so zeichnen sich doch einige Theile durch ihre nähere Einrichtung von den übrigen aus. Das Aug ist gemäß seines sonderlichen Baues allein geschickt, die Stralen des Lichts empfänglich anzunehmen. So verhält sich das Ohr zu dem Schalle, die Nase zu gewissen Ausflüssen der Körper, die Zunge und der Gaumen zu jenen Körperchen, die sich durch die säftigen Wärzchen der Zunge und des Gaumens auflösen lassen, und endlich die äussere Fühlhaut zu allen körperlichen Dingen, die sie in gehöriger Stärke erschüttern können.

Wenn äussere Körper den unsrigen unmittelbar berühren: so stellet die Empfindung, welche daraus entstehet, der Seele nicht nur die erregte Bewegung dar, sondern auch den Theil des Körpers, der bewegt wird, samt jenem Körper, von dem die Bewegung verursachet wird. Dieses hat der weise Schöpfer so gütig für den Menschen eingerichtet. Würde die Seele allein die Bewegung empfinden, und ihre Empfindung nicht gleichsam ausser sich dahin setzen, wo sie entsprungen ist, so würde sie für die Schadloshaltung ihres Körpers nicht genug sorgen können. Denn setze man, es fiele dir ein Funken Feuer auf deine Hand, die Seele empfände nur

da

wo sie ist, nemlich im Kopfe, sie setzete ihre Empfindung nicht in den Theil der Hand, auf dem der Feuerfupfen liegt, so würdest du zwar Empfindung des Schmerzens haben, aber du würdest dich nicht so geschwind des Schmerzens los machen können. Denn du müßtest alle Theile des Körpers zücken, und schüttlen um zu versuchen, welcher es sey, der gebrand wird: und es könnte seyn, daß du erst zu allerletzte an den ächten kämest. Anderst verhält es sich mit dem Auge, und Ohre, welche von ihren Gegenständen nicht unmittelbar berühret werden; da beziehet sich die Empfindung auf den Gegenstand, und nicht auf das Empfindungswerkzeug: es sey denn, daß die Wirkung des Gegenstandes zu heftig wäre, und dem Werkzeuge selbst das Verderben drohe.

II. Abschnitt.
Sinnliches Vergnügen.

Diese Empfindungen nun, vermittels des Körpers, werden die sinnlichen genannt: sie sind die Quellen der sinnlichen Lust, und des sinnlichen Schmerzens; der Schönheiten und Häßlichkeiten, die man besonders an den Gegenständen des Auges bemerket. Wenn der Eindruck der äussern Körper auf den unsrigen gemäßiget ist, wenn die darauf erfolgte Bewegung gerad die nemliche ist, zu welcher die bewegten Körpertheilchen, nach ihrer inneren Einrichtung am besten geschickt sind: so entstehet

eine

eine Harmonie unter allen Bewegungen aller Theile; diese Bewegungen strecken sich hin bis zum Sitze der Seele, die Seele wird dieses harmonische Spiel gewahr, sie empfindet den gebesserten Zustand ihres Körpers, und da sie ihn empfindet, entstehet in ihr eine ähnliche Harmonie von fast eben so viel Realitäten, oder einzelnen Empfindungen, als einzelne Bewegungen ihres Körpers waren: der Mensch sinket in eine süse Wonne, in die Sinnenlust hin. Geschiehet von allen diesen das Gegentheil: so entstehet der sinnliche Schmerz, die Folter des Menschen.

Wenn die Sinnenlust in dem Menschen entstehet, so kann sie nicht anderst entstehen, als dadurch, das gewisse Fähigkeiten zu wirken und zu leiden, von denen ich vorhin sagte, in ihre Wirkungen übergehen. Die Wirkungen sind etwas sachliches, sind Realitäten; die Uebereinstimmung der Wirkungen ist Uebereinstimmung der Realitäten: die übereinstimmenden Wirkungen machen die sinnliche Lust aus; also auch die übereinstimmenden Realitäten. Je mehr nun Realitäten übereinstimmen, je höher ihr Grad ist, je schneller, je dauerhafter sie sind; desto gröser wird die ganze Summe der Lust, desto gröser ist das Vergnügen des Subjekts, desto mehr gutes, desto mehr vollkommenes besitzet es.

Wir haben also endlich eine Art des Vergnügens entdecket. Wer mehrers davon wissen will, der lese

Men=

Mendelsohns Briefe über die Empfindungen, er übergehe aber dabei seine Rhapsodien nicht. Nun weiters. Die gegenwärtigen Bewegungen des Körpers, die Empfindungen der Seele gehen nicht ganz zu Grund; sie lassen in dem Körper einige Fertigkeiten zurück, die nemliche Bewegung auf gewisse Veranlassungen zu wiederholen, und in der Seele einige Ueberbleibsel vielleicht von dunkeln Begriffen, und ganz schwachen Empfindungen.

III. Abschnitt.
Vernünftiges Vergnügen.

Bei den sinnlichen Empfindungen, und Kenntnissen bleibt die Seele des Menschen nicht stehen. Sie bemerket, was in verschiedenen Empfindungen ähnliches, was in ihnen verschiedenes ist. Das, worin mehrere übereinkommen, sammelt sie in einen Begriff: und dieser Begriff wird ein abstrakter, ein abgezogener genannt. Sie bemerket ferners, daß die Bewegungen des Körpers bald Ursache von andern, bald Produkte derselben sind; sie schaffet sich also den Begriff von Verbindungen zwischen Ursache, und Produkten, zwischen Dingen, deren eines seinen zureichenden Grund in dem Daseyn, und der Wirksamkeit des andern hat. Sie ist sich auch ihrer eigenen Wirkungen, ihrer Veränderungen, ihrer Kräfte bewußt. Und so entstehet das höhere Erkenntnißvermögen, welches sich so weit ausbreitet, und den merklichen Unterschied zwischen Menschen und Thieren machet.

Auch

Auch die höheren Erkenntnisse, wenn sie einmal da waren, sterben nicht gänzlich ab: sie leben zu gewissen Zeiten wieder auf, und gründen das Erinnerungsvermögen. Durch das Erinnerungsvermögen wird der Mensch in Stand gesetzt, von ähnlichen Umständen und ähnlichen Ursachen auf ähnliche Vorfälle und ähnliche Wirkungen zu schliessen, in die Zukunft hinein zu sehen, und für seine künftige Glückseligkeit zu sorgen.

Die höhere Erkenntniß ist um so viel vollkommner, je deutlicher, heller, geschwinder, dauerhafter und ausgebreiteter sie ist. Denn die Erkenntniß ist Realität; je grösser also die Zahl der Realitäten, je höher ihr Grad, je harmonischer und dauerhafter ihre Uebereinstimmung ist: desto grösser ist die Vollkommenheit. Diese Vollkommenheit macht das Vergnügen seines Subjekts, sein Gut, seine Glückseligkeit aus.

IV. Abschnitt.
Begriff des Nutzbaren.

Der Mensch kann durch den Gebrauch seines höhern und niedern Erkenntnißvermögens die Gegenstände, die ihn umgeben, auf verschiedene Weise durchforschen. Er kann sie betrachten, an und für sich, oder in Bezug auf seine Person. Im ersten Falle nimmt er absolute Vollkommenheit, oder Mangel derselben gewahr; im zweiten siehet er, ob sie seine Vollkommenheit befördern, oder vermin-

vermindern; befördern sie seine Vollkommenheiten, so sind sie für ihn nützlich: vermindern sie selbe, sind sie schädlich. Ueberhaupt wird nützlich genennet, was ein Mittel zur Vollkommenheit des andern abgibt; und was darzu die Hindernisse legt, heißt schädlich.

V. Abschnitt.
Nähere Bestimmung der Selbstliebe.

Da nun der Begriff vom Vergnügen und Nutzen ein wenig auseinander gesetzet ist; so läßt sich schon leichter begreifen, was der Philosoph unter der wirksamen Neigung sein Vergnügen, und seinen Nutzen zu befördern verstehet; begreift man dieses, so weiß man auch, was Selbstliebe bedeutet.

Selbstliebe kann entweders wohl geordnet, oder ungeordnet seyn. Das erste geschiehet, wenn alle Arten des Vergnügens und des Nutzens dem Range nach in ihre Klassen gestellet werden; wenn die niedern Arten stufenweis, als Mittel, zur Beförderung des höhern Vergnügens und Nutzens abzwecken; bis sie endlich in der schönsten Harmonie bei der edelsten Art des Vergnügens, als ihrem Ruhepunkte, zusammenfliesen. Ungeordnet ist die Liebe; wenn man das für Zweck ansiehet, was nur Mittel seyn soll.

VI. Ab=

VI. Abschnitt.
Selbstliebe ist ein Grundtrieb des Menschen.

Daß die Selbstliebe ein Naturtrieb sey! wird niemand in Zweifel zihen, der nur ein wenig auf sein inneres Gefühl Acht hat. Sobald, als wir uns etwas vorstellen, das Vergnügen macht: fühlen wir eine innere Regung unserer Seele darnach. Niemand ist, der Gutes verabscheut, und Böses begehrt; und wenn er es auch thut: so betrachtet er das Böse nach dem Scheine des Guten, und das Gute nach dem Scheine des Bösen.

Ist sie aber, die Selbstliebe, auch ein Grundtrieb? Wenige sind, die es läugnen. Schaftesbury kann zu dieser Partey gerechnet werden. Diese stellen die Sympathie, oder Liebe gegen andere, als die Quelle aller übrigen Naturtriebe auf: Nach ihrer Meinung wirket Selbstliebe nur in soweit, als es die Sympathie gebietet. Dieses System zu widerlegen halte ich nicht für nöthig. Der Beurtheiler der Theologischen Gutachten, mit dem ich es hier zu thun habe, ist selbst dieser Meinung nicht; und der Badische Lehrer ist so weit davon entfernt; daß er die Sympathie nicht einmal für einen Grundtrieb ansihet. Hat nun das seine Richtigkeit, daß Selbstliebe aus der Sympathie nicht entspringet: so kann sie vielweniger von einem andern Naturtriebe abstammen.

VII. Abschnitt.
Selbstliebe kann nicht der einzige Grundtrieb des Menschen seyn.

Aber ist denn die Selbstliebe der einzige Grundtrieb aller menschlichen Handlungen, oder hat sie die Sympathie als einen ebenfals unauflöslichen Grundtrieb an ihrer Seite stehen? Dieses ist die Hauptfrage, die auf einmal nicht kann beantwortet werden. Man muß zuvor erörtern, was Sympathie im Grunde heißt, wie sie sich zur Selbstliebe verhält, und welches der eigene Sinn der vorhin gesetzten Frage sey.

Wenn Selbstliebe eine wirksame Neigung ist sein Vergnügen, und seinen Nutzen zu befördern: so ist Sympathie, wie sie hier genommen wird, eine wirksame Neigung das Vergnügen, und den Nutzen anderer zu befördern. Weiß man einmal, was eigenes Vergnügen, eigener Nutzen für Begriffe in sich fasset: so kann man sich leicht einen Begrif von fremdem Vergnügen, und Nutzen machen. Andere Menschen sind uns ähnlich. Sie haben mit uns einen ähnlichen Körper, ähnliche Seele, ähnliche Fähigkeiten zu wirken, und zu leiden, ähnliche Umstände, in die sie versetzet werden; ihr Vergnügen also, und Nutzen ist dem unsrigen ähnlich; sie sind einer ähnlichen Vollkommenheit und Glückseeligkeit fähig, zu welcher wir aufgelegt sind. Will man seinen Mitbruder lieben, so thue man das für ihn, was man für sich thut, wenn man sich liebet.

Wie

Wie verhält sich aber die Sympathie zur Selbstliebe? Wenn man die Wirkungen der Sympathie genau betrachtet: so wird sich's zeigen, daß sehr viele derselben auch aus einer wohlgeordneten Selbstliebe sich herleiten lassen. Selbstliebe, wenn sie wohl geordnet ist, muß die eigne Vollkommenheit zur Absicht haben; sie muß die Mittel ausfindig machen, welche diese Absicht in Wirklichkeit setzen. Nun will der Mensch die Mittel aufsuchen, welche ihn zu seiner bestmöglichen Vollkommenheit führen: so findet er selbe in sich, und in seinen Kräften allein nicht; er hat fremde Hilfe nöthig. Andere sind nicht im Stande, ihm diese Hilfe zu leisten, wenn es ihnen an eigner Vollkommenheit gebricht; an dieser aber wird es ihnen fehlen; so lang sie selbe aus eignen Kräften, ohne fremde Hilfe, bewirken sollen. Ich muß ihnen also diese Hilfe zu ihrer Vollkommenheit darbieten, damit sie an der meinigen mitarbeiten können.

Wer sich durch Beispiele, und Erfahrung von dieser Wahrheit überzeugen will, und wer selbe nach ihrem ganzen Umfange einsehen will: der gehe nur auf seine Person selbst zurück, und fange da die Betrachtung an. Er betrachte seine Kleiderstücke vom Fuße bis zum Kopfe, und forsche nach; durch wie viel Menschen Hände sie gegangen sind, bis sie in die seinigen gekommen sind. Er betrachte Speis und Trank, die man ihm auf seine Tafel setzet. Er betrachte sein Hausgeräth, seine Wohnung,

seine

seine liegende Güter, ihre Anbauung, seine Dienerschaft. Er betrachte diejenigen, von denen er Verpflegung und Beistand in seiner Jugend sowohl, als im erwachsenen Alter her hat: seine Eltern, seine Lehrer, seinen Mitbruder, der mit Worten und Beyspielen an der Vervollkommnung seines Verstandes, und Herzens so wirksam mitgearbeitet hat.

Es ist also offenbar, daß sehr viele Wirkungen der Sympathie auch aus einer wohlgeordneten Selbstliebe können hergeleitet werden. Können sie aber alle, ohne Ausnahm, hergeleitet werden? giebt es keine Handlungen, die die Nächstenliebe befiehlt, und ausübet, welche nicht zugleich ihren zureichenden Grund in der Selbstliebe haben? Wenn es keine solche Handlungen giebt: so ist die eigene Vollkommenheit der letzte Zweck aller menschlichen Handlungen: alle Handlungen, die der Mensch, sowohl in Bezug auf andere, als auf sich ausübet, sind Mittel zu jenem Zwecke; sie stehen alle in der Klasse der Mittel; ihre Ordnung zu stehen richtet sich nach ihrer Schicklichkeit, die eigne Vervollkommnung, als ihren letzten Zweck, zu befördern. In dieser Ordnung müssen jene Handlungen den übrigen vorgezogen werden, welche ein grösseres, und edleres Quantum der eignen Vollkommenheit beilegen; welche diese Vollommenheit sicherer, leichter, geschwinder, dauerhafter bewirken. Und das ist der ächte Begriff jenes Satzes: Selbstliebe ist der einzige Grundtrieb aller menschlichen Handlungen.

B   Ist

Ist aber der Mensch wirklich so beschaffen? ist die Selbstliebe sein einziger Grundtrieb zu handeln? Wenn dieses wahr ist, so folgt nothwendiger Weise daraus, daß diese Selbstliebe auch die Richtschnur aller Handlungen, daß sie das Naturgesetz des Menschen sey. Diese Folge kann niemand bezweifeln, der nur ein wenig einsiehet, was Naturgesetz heißt. Denn Naturgesetz hat nothwendiger Weise seinen zureichenden Grund in der ganzen Einrichtung des Menschen, in der Beschaffenheit der Dinge, die ihn umgeben, und in dem Willen des Schöpfers, der den Menschen so eingerichtet, und in diese Umstände versetzet hat.

Ist die Selbstliebe das Naturgesetz des Menschen; so ist alles das, was die Selbstliebe (von der wohlgeordneten ist hier die Rede) gebietet, eine natürliche Pflicht des Menschen; es ist der Willen Gottes. Und wiederum, ist dieses alles natürliche Pflicht: so kann die Offenbarung diesen Pflichten nicht widersprechen. Oder wie könnte wohl der weise, wahrhafte Gott ein Naturgesetz geben, und gerad das Gegentheil durch seine Offenbarungen befehlen? Es ist also auch dieses eine nothwendige Folge: wenn Selbstliebe ein Naturgesetz ist, so ist sie auch ein Gesetz in der Offenbarung. Der grosse Gott, der den Menschen schon im Anfange seiner Erschaffung zu einem übernatürlichen Ziele bestimmet hat, konnte kein Grund-Naturgesetz in sein Herz legen, das diesem Ziele widerstrebete.

Nun

Nun lasset uns sehen, ob Erfahrung, Naturpflicht, göttliche Offenbarung alles das erheischen, was dieser Satz erheischt: Selbstliebe ist der einzige Grundtrieb aller menschlichen Handlungen.

Hier muß ich zuerst einen jeden auf sein eigenes Herz zurück weisen. Menschenfreund! willst du diese Wahrheit ausspähen: so stelle dir recht lebhaft jene Fälle vor, in welchen es dir von Herzen Ernst war, deinem dürftigen und beklemmten Bruder Liebesdienste zu erweisen. Wann du nach dem reinen Triebe deiner Seele, nach dem Willen Gottes, nach der Vorschrift der göttlichen Offenbarung mit ihm handeltest; hast du wohl zuvor auf dich gesehen? deinen Zustand betrachtet, und untersuchet, wie dieser könne vervollkommnet werden? Bist du alsdann erst von der Betrachtung deines Zustandes auf die Betrachtung des Zustandes, in dem sich dein Bruder befindet, übergegangen? und hast du da sorgfältig ausgerechnet, wie viel die Wohlthaten, die du ihm schenken wolltest, deinen eignen Vortheil befördern? war dieses der Maasstab, nach welchem du deine tugendhafte Handlungen abgemessen hast? oder wenn du sie darnach abgemessen hast, glaubtest du wohl, daß du auf diese Art den heiligen Pflichten der Menschheit, und den Befehlen des göttlichen Willens aufs vollkommenste genug thatest? Wer da mit unbefangenem und ruhigem Gemüthe seine Regungen prüfet, der wird nicht nöthig haben, von aussenher Beweise zu holen, die ihn dieser Wahrheit überführen.

führen. Oder sollte jemand ein so verdorbenes Herz haben; daß er dieses Gefühl der Menschheit nicht mehr empfände: so wird er edle Beispiele finden, die ihm diese Wahrheit predigen.

Man durchgehe die Geschichte, man suche jene Menschenfreunde, jene Muster der Tugend und der christlichen Vollkommenheit auf, die nicht nur für sich, sondern auch für ihren Nächsten gelebet haben; man durchleuchte ihre Handlungen nach ihren Absichten und Beweggründen; und dann wird man ausrufen müssen: wahr ist es, die Menschenliebe ist nicht so eigensüchtig; daß sie keinen andern Zweck, keinen Beweggrund kenne, als den Eigennutz.

Kömmt man erst an das heilige Evangelium; list man die Lehre, die der göttliche Stifter des Christenthums gelehret hat; durchgehet man die Geschichte der Apostel; erweget man die Briefe der Apostel; und haltet man diese göttliche Lehren zu jenem Lehrsatz etwelcher Philosophen: In allen deinen Handlungen muß dein eigner Vortheil die einzige Absicht, und der Beweggrund seyn: was wird sich da für ein Kontrast, für ein Himmelweiter Abstand zeigen?

Ich muß hier öffentlich gestehen, daß ich diesen Versuch mehrmalen gemacht habe. Ich las Feders praktische Philosophie, und diese vorzüglich; weil sie mir als Kompendium

pendium vor allen andern gefiel; ich durchdachte auch, was ich las; und wann ich genug philosophiret hatte: wollte ich sehen, wie sich die philosophischen Sätze zur Offenbarung verhielten. Ich nahm die Bibel in die Hand, und mit unbefangenem Gemüthe hörte ich die Lehre an, die aus dem Munde des ewig Wahrhaften fließet. Ich kehrte wieder zurück zur Philosophie, und wechselte so lang, bis ich das Band entdeckte, welches Vernunft und Offenbarung mit einander verknüpfet. Damit ich mich aber in meiner gefaßten Meinung desto mehr versicherte: las ich die Kirchengeschichte, und prüfte jene Reden und Handlungen gottseliger Männer, die der Himmel gekrönet hat, nach philosophischen Gründen. So gieng ich mit den meisten Lehrsätzen der praktischen Philosophie, und unter diesen vorzüglich mit jenem von der Selbstliebe und Sympathie zu Werke; weil mir dieser einer der wichtigsten, und weitläuftigsten zu seyn schien. Ich fand aber auch nach wiederholten Versuchen, daß Selbstliebe und Sympathie mit geschwisterlicher Eintracht sich einander umfassen, und zur schönsten Harmonie des Ganzen die mächtigen Triebfedern des Menschen legen. Wer gleichen Versuch anstellen will: der lese nebst der Bibel hauptsächlich die Kirchengeschichte eines Fleury, jenes geistreichen Mannes, der nicht so fast eine zänkerische Kritik, als die Bildung reiner und heiliger Sitten bei seiner Geschichtsverfassung zur Absicht hatte. Ich habe ihn gelesen, diesen grossen Mann, und war Anfangs gesinnet, etwelche Beispiele aus demselben zur Bestätigung mei-

meines Beweises anzuführen. Allein die Beispiele, die hieher gehören, sind so vielfältig, und meistentheils mit so vielen merkwürdigen Umständen bekleidet: daß ich glaubte meiner guten Sache einen Abtrag zu thun; wenn ich aus so vielen nur einige, und diese ohne ihren völligen Glanz würde ausziehen. Ich will mich also begnügen mit jenen Beispielen, und Schriftstellen, die die beide theologische Fakultäten in ihren Gutachten angeführet haben: Und diese werde ich suchen in ein helleres Licht zu setzen; wenn ich auf die Einwürfe antworten werde, die der vermeinte Widerleger dieser Gutachten wider jene Stellen eingestreuet hat.

VIII. Abschnitt.
Entdeckung der Quellen, aus welchen die irrige Meinung, daß Selbstliebe der einzige Grundtrieb sey, herflieſſet.

Itzt will ich noch einige Quellen aufsuchen, aus welchen der Irrthum, daß Selbstliebe der einzige Grundtrieb des Menschen sey, herfliessen mag.

1. Sympathie stehet in enger Verbindung mit der Selbstliebe. Wir haben vorhin Seite 16. gesehen; wie viele Handlungen eine wohlgeordnete Selbstliebe erzeuge, die allein aus der Sympathie zu entspringen scheinen. Der unachtsame Philosoph schliesset also von vielen sonderlichen Fällen auf alle.

2. Selbst-

2. Selbstliebe ist ein viel stärkerer Naturtrieb, als Sympathie. Der schwächere Trieb aber wird von dem stärkern verschlungen; so, wie der lermende Trommelschlag das leise Reden der Herumstehenden zerstreuet. Es war aber auch so nöthig, daß der weise Schöpfer einen weit mächtigeren Hang zur Befriedigung der Selbstliebe, als der Sympathie, in das menschliche Herz legte. Denn der Mensch ist mehrmalen allein, wo er niemanden um sich hat. Wäre er nun mehr geneigt andern, als sich, zu helfen: so würde er sich über der Sorge für andere vernachläßigen; und da er niemanden an der Seite hat, der für ihn sorget: würde er selbst unversorget und vernachläßiget bleiben. Was einem geschiehet, würde allen wiederfahren. Nebst diesem kennet ein jeder Mensch seine Bedürfnisse besser, als andere; denn er weiß sie aus eigner Erfahrung, aus eigner Empfindung, aus eignem Gefühle: andere müssen selbe erst durch äusserliche Zeichen kennen lernen; er kann ihnen also besser abhelfen, als andere.

3. Nachdem das Eigenthum der Tauschgüter ist eingeführet worden, mußte die Nächstenliebe manchen Stoß leiden. Denn, da die Anzahl der Menschen wuchs, und die freiwillige Geschenke der Erde zu ihrer Nahrung nicht mehr hinreichend waren: mußte sich ein jeder vorsehen, und zu seinem künftigen Gebrauche das Nöthige aufbewahren, das ihm ein anderer nicht mehr nehmen durfte. Dadurch entstand das Mein und Dein, jenes frostige

B 4   Wort,

Wort, welches die Flammen der Nächstenliebe so sehr geschwächet hat.

4. Eine Ursache, warum Sympathie stärker oder schwächer ist, findet sich auch in dem Temperamente, und überhaupt in der physischen, und moralischen Bildung des Menschen vor. Man siehet, daß ein gutherziges Kind das bißchen Zuckerbrod, so es bereits schon im Munde hat, mit seinem kleinen Gespane theilet: da hingegen ein anderes, welches Maul und Magen schon voll hat, noch hastig nach einem andern Stückchen hinraffet; damit es ein anderes Kind nicht etwann zuvor wegnehmen könne. Ein rauer, ungezogner Landstreicher wird ein Mörder seines Nebenmenschen, der vielleicht, wenn er Erziehung gehabt hätte, sein gröster Wohlthäter geworden wäre. Es giebt also Leute, bei welchen die Sympathie geringe Früchte bringt; weil sie entweders auf einen schlechten Boden fällt, oder die gehörige Wartung, und Pflegung nicht findet.

5. Als Theolog muß ich hier noch eine andere Ursache beisetzen, die die guten Herren Philosophen gemeiniglich übergehen. Der Mensch ist nicht gerad so, wie er wirklich ist, aus der Hand seines Schöpfers gekommen; er ist durch die Folgen der Erbsünde erbärmlich zerrüttet worden. Die sinnlichen Empfindungen, die Leidenschaften empören sich wider die Vernunft; sie verdunkeln ihr Licht, und entreissen sich ihrer Herrschaft, bis sie selbe

gänzlich

gänzlich unter die Füsse bringen. Die sinnlichen und gegenwärtigen Güter machen einen stärkern Eindruck, als die geistlichen und zukünftigen; man suchet seine Glückseeligkeit in jenen, und vernachläßiget diese. Was ist es Wunder; wenn man auch fremdes Wohl diesem Abgott aufopfert?

6. Endlich, wenn auch die Liebe gegen den Nebenmenschen wohlgeordnet ist; so kann sie dennoch den Schein eines puren Eigennutzes an sich haben. In gewissen Fällen reget sich die Neigung, das Wohl anderer zu befördern, sehr lebhaft. Die Befriedigung selbst dieser lebhaften Neigung ist schon angenehm. Weiters, wenn man die Wohlfahrt anderer aus reinen Absichten zu befördern trachtet: so ist man sich bewußt, daß man dem Gesetze der Natur, und dem Willen Gottes gehorche. Mit dem Gedanken: das Gesetz der Natur, den Willen Gottes erfüllen, sind die Gedanken der Belohnung, der Freundschaft Gottes vergesellschaftet; und diese müssen nothwendiger Weise Zufriedenheit und das süsseste Vergnügen gewähren. Aber es ist doch gewiß etwas anders, die Wohlfahrt des Nächsten zur Absicht seiner Handlungen haben, woraus Vergnügen entstehet; und sein Vergnügen zum einzigen Ziele sich vorstecken, wornach man die wohlthätige Handlungen gegen andere abmisset.

Nun glaube ich so ziemlich bewiesen zu haben, daß die Selbstliebe nicht der einzige Grundtrieb der menschlichen Handlungen sey. Freilich ist der Beweis, nach der Wichtigkeit, und dem Umfange des Gegenstandes, noch nicht vollständig und ausführlich genug: doch mag er hinreichend seyn, einen wahrheitsliebenden, und denkenden Kopf bis zur Ueberzeugung hinzuleiten. Im Verlaufe dieser Schrift wird sich noch manche Gelegenheit darbieten, die Wahrheit des Satzes, den ich bisher zu erweisen bemühet war, mehr aufzuklären, und zu befestigen. Wer unterdessen ausführlichere Beweise über diesen Lehrsatz verlanget, der lese Smiths Theorie der moralischen Empfindungen. 6. Theil. Hatchesons Sittenlehre der Vernunft, Untersuchung unserer Begriffe von Schönheit, und Tugend, Abhandlung über die Natur und Beherrschung der Leidenschaften und Neigungen, und über das moralische Gefühl. Sedgrs Untersuchungen über den menschlichen Willen, 1. B. 1. A. 3. K. Man wird in diesen Schriften überzeugende Gründe finden, daß allgemeines Wohlwollen eine in die Natur des Menschen ursprünglich gepflanzte Neigung sey. Alsdann vergleiche man die Lehre der Offenbarung mit dieser Lehre der Vernunft, und bedenke dabei die nothwendige Folge: Wenn der Mensch seiner ursprünglichen Verfassung nach nur allein aufgelegt ist, sich selbst, obschon ordentlicher Weise, zu lieben: so ist diese Liebe auch die einzige Grundpflicht der Natur, sie ist die Lehre der Offenbarung: Nun die Lehre der Offenbarung ist sie nicht; also ist sie auch nicht die einzige Grundpflicht der Natur, nicht die einzige Grundbestimmung des menschlichen Herzens.

II. Haupt=

II. Hauptſtück.

Rechtfertigung des Heidelberger und Straß=
burger Theologiſchen Gutachten, in ſo
weit ſie ſich auf die nemliche Sätze
beziehen.

I. Abſchnitt.

Beantwortung der Einwürfe gegen das Theo=
logiſche Gutachten über den XII. Lehr=
ſatz des Badiſchen Lehrers.

XII. Lehrſatz aus der allgemeinen prak=
tiſchen Philoſopie:

Selbſtliebe iſt der einzige urſprüngliche Grund=
trieb des Menſchen.

Bei dieſem Satze drücket ſich der Widerleger folgender=
maßen aus: die Herren Heidelberger bewundern bei Feſt=
ſetzung des Sinnes (dieſes Satzes) den Ausdruck einzig —
hierin verrathen ſie ihre erſte Unwiſſenheit. — Wie? kömmt
es denn bei dieſem Satze nicht auf den Ausdruck einzig
an? liegt nicht hierin der Hauptknoten der ganzen Sache?
Daß die Selbſtliebe ein Grundtrieb des menſchlichen Her=
zen ſey, laugnen die Heidelberger nicht; daß ſie aber der
einzige ſey, daß Nächſtenliebe im Grunde nichts anderes,
als Selbſtliebe ſey, das laugnen ſie. Und dieſes ſoll ein
Beweiß

Beweiß ihrer Unwissenheit seyn? Wie, Herr Widerleger! Sie begehren von einem Manne, der urtheilen will, Kopf und Herz; wo hat es Ihnen hier gefehlt? an Kopf oder Herz? oder an beiden?

Daß die Heidelberger den Badischen Lehrer einen Sonderling, und dieses mit Bewunderung nennen, ist falsch. Und wenn sie ihn auch so genannt hätten, würden sie unrecht gethan haben? Höret denn derjenige auf, ein Sonderling zu seyn, der noch etwelche Anhänger seiner Meinung hat? Wenn das wahr ist, so hat es keinen Sonderling unter den Philosophen jemal gegeben. Denn keine Meinung ist so albern, und abgeschmackt, die nicht ihre Vertheidiger gefunden hat. Endlich macht er den Heidelbergern jene Philosophen bekannt, die das System der Selbstliebe sollen gelehret haben: einen Home, Hutcheson, Ferguson, Smith, Search. Der Menschenfreundliche Herr hätte sich diese Mühe sparen können. Die Heidelberger Theologen kannten diese Philosophen und ihre Schriften schon vor seiner gütigen Bekanntmachung: und in eben diesen Philosophen fanden Sie zureichende Gründe, daß sich das System, welches die Grundneigung des allgemeinen Wohlwollens ausschließet, weder mit der Erfahrung, noch der guten Sittenlehre vertragen könne.

Nach diesem führet der Verf. die Gründe an, worauf sich die Vertheidiger der Selbstliebe stützen: „Man dienet dem Staat, sagen sie, und er mit ihnen, nicht um

das

das allgemeine Wohl zu bewirken; sondern seine eigene Vortheile zu beziehen. „ Thuen dieses alle Diener des Staats? und welche es thun, verdienen sie Beifall und Lob? „ Man legt dem Regenten Entwürfe vor, die zwar dem Anschein nach gemeinnützig sind, im Grunde aber nur eigennützige Absichten des Projektanten zum Gegenstande haben. „ Haben alle, die dem Regenten Vorschläge zur Wohlfart des Unterthans darlegen, solche eigennützige Absichten? und welche sie haben, verdienen sie Beifall, und Lob? „ Die Vorstellung einer ewigen Belohnung machet Märtirer. „ Hatten die HH. Märtirer sonst keine Absicht, als ihre Belohnung? Nicht, daß sie für die Wahrheit, für die Ehre Gottes, für die Erbauung des Nebenmenschen Zeugen, Opfer und Beispiele würden? „Sich das Vergnügen zu verschaffen, ein Menschenfreund zu heißen, macht jeden einem Titus ähnlich. „ Wenn man also wie ein Titus handelt, um ein Menschenfreund zu heißen, und wenn man ein Menschenfreund heißen will; weil dieses Heißen Vergnügen machet: so kann Verstellung, und Kleisnerey zur schönsten Tugend werden. „ Wir sind nicht im Stande unser Mitleiden gegen den Elenden thätig zu erweisen; bis wir uns in seine Stelle setzen, ihn aus seinem Platze rücken, und uns als den Gegenstand des Elends darstellen. „ Was heißt dieses Wortspiel? — Wir wollen es untersuchen. Die Empfindungen, welche der Elende in seinem Gemüthe fühlt, können wir nicht unmittelbar einsehen, wir müssen sie erkennen aus ihren Aeusserungen, und aus den Umständen, in

welchen

welchen sich der Elende befindet. Die Umstände des Elenden führen uns auf den Gedanken von ähnlichen Umständen, in welchen wir jemals waren, und welche in uns gewiße unangenehme Empfindungen erregt haben. Die Aeusserungen desselben, durch welche er seine Empfindungen ausdrücket, erinnern uns an ähnliche Aeusserungen, durch welche sich unsere unangenehme Empfindungen natürlicher Weise offenbarten. Die Vorstellung unserer Empfindungen, die mit ähnlichen Umständen, und Aeusserungen verknüpfet waren, läßt uns auf ähnliche Empfindungen des leidenden Mitbruders schließen; denn wo ähnliche Ursachen, oder Veranlaßungen sind, müssen ähnliche Wirkungen folgen; und wo ähnliche Producte, oder Aeusserungen sind, müssen ähnliche Ursachen zum Grunde liegen. Diese Begriffe und Folgerungen gehen in wirklichen Vorfällen schnell, und unvermerkt aufeinander; weil sie uns durch öftere Wiederholungen geläufig werden. Sie sind aber doch der einzige Weg, wodurch wir zur Erkenntniß fremder Empfindungen, und überhaupt des fremden Gefühles, und inneren Zustandes gelangen können. Es will also das ganze Wortgepräng, so hier der Verf. und noch etliche Philosophen mit ihm machen, weiter nichts sagen: als daß wir das Anliegen unseres Nebenmenschen zuvor erkennen müssen, wenn wir für seine Wohlfahrt eifern wollen. Je lebhafter unsere Vorstellung ist von den Umständen, in welchen sich der Leidende befindet, von den Gemüthsempfindungen, die daraus entstehen, und von den Aeusserungen, in welche die

Empfin-

Empfindungen ausbrechen: desto lebhafter ist unsere Erkenntniß; und je lebhafter die Erkenntniß ist, desto mehr wird unser Willen angeflammet ihn von seinem Elende loszureissen, und mit Ueberfluß des Vergnügens zu laben. Sollte man nicht eben daraus schließen, daß eine Grundneigung dem Elenden beizuspringen uns angebohren sey. Denn wären wir bei der Vorstellung dessen, was er fühlet, der einzige Gegenstand; so würde es uns leicht seyn, die Angst und Bekümmerniß durch die Ueberzeugung, daß wir uns wahrhaft in diesem Zustande nicht befinden, zu vertreiben. Giebt es nicht tausend Fälle, wo wir ganz sicher wissen, daß es ein von uns unterschiedener Mensch sey, der im Glücke oder Unglücke, in Furcht oder Hoffnung, in Sicherheit oder Gefahr schwebt; und doch, wenn wir es wissen, erfreuen wir uns für ihn, wir tragen Leid für ihn, wir förchten, hoffen, und wachen für ihn. Wir wissen ja, daß er ein Mensch sey, der ein eigenes Gefühl, eigene Empfindungen vom Angenehmen, und Unangenehmen hat; und sein Gefühl, nicht allezeit das unsrige, wollen wir ihm angenehm machen. Feder sagt in seinen Untersuchungen über den menschlichen Willen 1. B. 1. Ab. 3. K. §. 21. es kann nicht gesagt werden, daß wir selbst allemal der Gegenstand unserer Erkenntnisse, unseres Wollens, und unserer wirksamen Triebe sind. Wann ich ein Kind am Feuer, oder Wasser sinken sehe: so denke ich nicht an mich, weiß nichts von mir, will nicht mir helfen, sondern dem Kinde, bin ausser mir mit meinem Wissen,

Wiſſen, Wollen, und Wirken. Dieß iſt gemeine auf richtiges Gefühl ſich gründende Sprache.

Sind nun dieſes nicht eitle Gründe für das Syſtem der Selbſtliebe? Siehet man nicht ſchon daraus, daß dieſes Syſtem nicht nur der Wahrheit, ſondern auch den guten Sitten widerſtrebe? Der Verfaſſer ſcheinet es auch nicht zu mißkennen (wenn er ſich ſelbſt nicht widerſpricht) denn er ſagt: daß beide, nemlich die Freunde des Syſtems der Selbſtliebe ſowohl, als der Sympathie auf Abwegen ſind. Wenn aber ein Sittenlehrer auf Abwegen gehet? wenn man ihn auf Abwegen fortführet? wenn man ihn beredet, daß er auf dem ächten Wege ſey? wenn man diejenige, die den Irrenden belehren, daß er auf Abwegen ſey, noch öffentlich Thoren, und Ignoranten ſchändet? wenn man das thut?.. O der Patriot! der Menſchenfreund! der Weltverbeſſerer! hätte ich ihn doch ſo gefunden, wie er ſich im Anfange ſeiner Schrift dafür ausgegeben hat!

Die Heidelberger Theologen ſagten, daß der zwölfte Lehrſatz der Erfahrung, und der Ehre groſſer Männer, dem Naturgeſetze, und der göttlichen Offenbarung zuwider ſey. Der Widerleger macht ſich über alle dieſe Theile her, und widerlegt ſie. Auf den erſten ſagt er, „die Heidelberger hätten ihn nicht bewieſen; und wenn ſie auch in dieſem Punkte Wahrheit ſagten, wäre es nur ein Ungefähr.„ Ungefähr kann etwas nur für jenen ſeyn,

der

der den zureichenden Grund der Sache nicht einsiehet. Hätte der Widerleger nur mit ein wenig kaltem Blute den Beweis überlegt, den die Heidelberger aus der innern und äussern Erfahrung kurz, und gut herleiten: ihr Ausspruch würde ihm nicht mehr ein Ungefähr zu seyn geschienen haben.

Daß man dieses System, als der Ehre grosser Männer zu nahe tretend, ansiehet, gefällt ihm auch nicht. „Schändet es denn (fragt er), den Staatsmann, wenn man von ihm sagt, er arbeite Tag und Nacht, zum Wohl des Staats; aber seine Eigenliebe habe auch einen kleinen Antheil an seinen Bemühungen, wenn man dieselbe ganz genau durchsuchen wollte?„ Wie unschuldig! einen kleinen Antheil! warum denn keinen grossen? warum nicht den ganzen? den einzigen? Ist die Selbstliebe die einzige Triebfeder der Arbeiten, die der Staatsmann unternimmt: so ist er zuerst auf seinen Vortheil ganz allein bedacht: Diesen setzet er sich zum Hauptzwecke vor; dann erwegt er alle Handlungen, die in gegenwärtigen Umständen zu thun möglich sind: jene, welche näher, sicherer, und kräftiger seinen Vortheil bewirken, ziehet er den übrigen vor. Wenn nun alle Handlungen, die der Staatsmann für sich, und andere unternimmt, nach dieser Richtschnur in die Ordnung gestellet, und gewählet werden; welche Ehre der Rechtschaffenheit für ihn, welches Glück für andere werden sie im ganzen Staate verbreiten? „Es ist ja keine Niederträchtigkeit für den Rechtschaffenen; wenn er rechtschaffen handelt, um die ganz entzückende Empfindung, die nur die Tugend allein giebt, zu haben. „ Ey Entzückung! Empfindung! Tugend! was gebt ihr für ein Mischmasch ab, wenn ihr nicht in die gehörige Ordnung gestellet werdet? Da müßte man sich entzücken; damit man empfände, man müßte empfinden; damit man sich Vergnügen mache, man müßte sich Vergnügen machen; damit man tugendhaft würde. Rechtschaffener! richte deine Absicht auf deinen Mitbruder, thue ihm gutes; dann wirst du dir bewußt seyn, daß du Tugend ausgeübet hast, die dir Zufriedenheit, und Vergnügen geben wird.

Eben dieses sagten die Heidelberger Theologen in ihrem Gutachten: nemlich, das Gute, so aus der rechtschaffenen That für den Urheber der Handlung entstehet, ist eine bloße Folge, die man nicht zur Absicht machen muß. Dieses nennet aber der Widerleger elendes Gezeug, und sagt, das Gute, so eine Handlung erzeugt, sey ordentlicher Weise die Absicht des Handelnden. Blendwerke! Welches Gute ist die Absicht? allzeit eigenes? niemal fremdes?

Wo die Heidelberger beweisen, daß dieser Lehrsatz dem Naturrechte zuwider sey, heißt sie der Verf. elende Folgenzieher; weil sie diesen Lehrsatz mit dem fünfzehenten aus der Sittenlehre nicht vergleichen, der gebietet, den Nächsten, wie sich selbst, zu lieben. Aber was gewinnt

winnt man denn durch eine solche Vergleichung zum besten dieses Satzes? Nimmt man den Lehrsatz: liebe den Nächsten, wie dich selbst, in seiner wahren Bedeutung: so widerspricht er dem Systeme der Selbstliebe; widerspricht er dem Systeme der Selbstliebe: so ist dieses System falsch. Ist diese Folge auch elend? doch es wird sich gleich deutlicher offenbaren, ob sie es sey. — Den letzten Theil, daß dieses System der göttlichen Offenbarung widerspreche, beweisen die Heidelberger erstens aus dem 28. Kap. 37. v. des H. Matthäus, wo gebotten wird: Liebe deinen Nächsten wie dich selbst. Denn, will man verstehen, wie der Nächste zu lieben sey: so muß man wissen, wie man sich lieben soll. Wer sich wahrhaft liebt; der überlegt zuvor, welcher Güter der Seele, des Leibs, des äussern Glücksstandes er fähig sey. Dann siehet er, auf welche Weise er sich diese Güter zueignen könne. Den Besitz dieser Güter, die seine Vollkommenheit ausmachen, nimmt er zur Absicht, und ergreift die schicklichsten Mittel diese Absicht zu erreichen; erreicht er sie wirklich, und macht er sich vollkommen, so liebt er sich thätig, er drückt durch seine Vollkommenheiten die Vollkommenheiten Gottes aus, und verherrlichet den Namen, und die Ehre seines Schöpfers. Will er nun den Nächsten, wie sich, lieben; so muß er auf die nemliche Art zu Werke gehen. Er muß sich die Vervollkommnung des Nächsten zum Zwecke vorstecken, und sein ganzes Betragen mit dem Nebenmenschen diesem Zwecke gemäß einrichten. Erreicht er nun diesen Zweck, und macht er

C 2   seinen

seinen Nächsten vollkommen; so liebt er ihn thätig, und verherrlichet die Ehre Gottes in seinem Nächsten; *wie in sich selbst*. Dieses heißt den Nächsten, wie sich selbst, lieben, und diese Liebe widerspricht dem Systeme der eigensüchtigen Selbstliebe. Was sagt nun der Verf. dazu? Er setzet erstens diese Frage: „Ist es denn in Rucksicht auf diese Stelle des Evangeliums nicht ganz gleichgültig? ob sich Nächstenliebe am Ende in Selbstliebe auflöse, oder nicht? wenn nur der Nächste wahrhaft geliebt wird." Dann thut er sein Glaubensbekenntniß: „ich wenigstens glaube, daß dieses die Stelle nicht sey; wo Matthäus die Streitigkeit der Philosophen über die Grundtriebe entscheiden wollte." Um des Himmels willen! ist es Unwissenheit, oder Bosheit, wenn man so spricht? Wenn es gleichgültig ist, ob sich Nächstenliebe in Selbstliebe auflöse oder nicht; so ist es auch gleichgültig, ob das System der Selbstliebe eine wahre Nächstenliebe ausschließe oder nicht; es ist gleichgültig, ob der Vertheidiger dieses Systems einen Lehrsatz behaupte, der die wahre Nächstenliebe aufhebe, oder nicht. Was sind das für ärgerliche, aber nothwendige Folgen? Zweitens, hat der Apostel die Streitigkeiten der Philosophen über die Grundtriebe, die doch den wichtigsten Einfluß auf die Sittenregeln haben, nicht entschieden: so kömmt es ganz sicher den Philosophen zu, durch ihren philosophischen Geist den Apostel zu inspiriren, in welchem Sinne er reden muß. Nein, der heilige Lehrer offenbarte den Willen Gottes andere zu lieben, *wie sich selbst*; und

diesen

diesen Willen muß die Vernunft mit Erfurcht erkennen und anbetten.

Die zweite Stelle, welche die Heidelberger Theologen zum fernern Beweise ihres Urtheils anführen, ist das 6. Kap. 35. v. des H. Lukas: *Leihet ohne etwas dafür zu hoffen.* Der Verf. legt diese Stelle so aus: „Diese Stelle gebietet seinem Nächsten das gern ohne Gewinnsucht abzutretten, was man entbehren kann: und eben dieses, sagt er weiters, gebietet die Selbstliebe; denn dadurch dürfen wir auch unter ähnlichen Umständen unentgeltliche Unterstützungen von anderen hoffen." Wenn ich also anderen etwas mittheilen will, muß ich darauf sehen, ob ich von ihnen unentgeltliche Unterstützungen hoffen kann. Ich muß also jenen, der mehr Macht, und Ansehen hat, der näher bey mir ist, der noch gesund und jung ist, der sich im übrigen für mich geneigt bezeiget, einem andern vorziehen, der diese Eigenschaften nicht hat. Denn was soll ich wohl für Unterstützungen hoffen von einem unmächtigen, verächtlichen Menschen? von einem Bettler, den ich auf der Reise antreffe? von einem alten siechenden Körper, der sich schon in sein Grab hinneiget? von einem Menschen, mit dem ich keine so enge Freundschaft pflege? Soll ich wohl Vergnügen daran haben, wenn ich diese unnütze Leute beschenke? Die Selbstliebe befiehlt mir auf meinen Vortheil zu sehen, und darnach meine Handlungen einzurichten. Dieses ist meine Pflicht, dieses ist der Wille

C 3 meines

meines Schöpfers, der mir diese Pflicht auflegt; die Erfüllung dieser Pflicht macht mir wahres Vergnügen. — Wer zürnet nicht über die Gesinnung eines solchen Räsonierers? aber warum zürnet man? nicht wahr, deßwegen? weil man eine Neigung des allgemeinen Wohlwollens in sich fühlt, die jene Handlungen verabscheut, welche ihr zuwider sind. Aber wäre der Mensch mit dem einzigen Triebe der Selbstliebe geschaffen: so würde er auf diese Art räsonieren, und handeln müssen.

Die dritte Stelle, welche die Heidelberger aus dem Evangelium anführen, ist das 5. Kap. 44. v. des H. Matthäus: **Liebet eure Feinde, und thut gutes denen, die euch hassen, und bittet für euere Verfolger und Verleumder.** Den Schluß, welchen Sie aus dieser Stelle ziehen, bemühet sich der Widerleger mit einem seiner stärkesten Beweise umzustoßen. Er nimmt für gewiß an, die **guten Männer** zu Heidelberg hätten die Lehrsätze des Badischen Lehrers nicht studieret, und deßwegen seyen ihre Anmerkungen schief. Der beste **Mann**! wir wollen doch sehen, was er ausstudiert hat. Erstens ist er so gut, und sagt uns sehr vieles aus Feders Lehrbuche daher, nemlich: „die Vernunft und Klugheit gebieten, Feindschaften auszuweichen; denselben zuvorzukommen; immer zur Aussöhnung bereit zu seyn; durch neue Beleidigungen seinen Feind nicht mehr zu reitzen; gefällig gegen seine Feinde zu seyn ꝛc. ꝛc. Denn Feindschaften sind ihrer Natur nach Uebel in der Welt,

die

die das Wohl des Ganzen hindern können. Der Mensch hat von seinem Feind üble Begegnungen, Beleidigungen, Unvollkommenheiten zu befürchten. Wenn also die Liebe zum Ganzen, die Liebe des Nächsten den Menschen zu Pflichten gegen Feinde nicht antreiben könnten; so würde die mächtigste Selbstliebe ihm solche heilig machen. „ Was folget nun aus diesem allem? Die Selbstliebe treibt also den Menschen zu Pflichten gegen Feinde an: wer widerspricht dieses? Die Selbstliebe legt mir die Pflicht auf, meine Wohlfahrt zu besorgen: diese Wohlfahrt wird gestöret durch üble Begegnungen, Beleidigungen der Feinde; ich muß also Mittel ausfindig machen, diese Hindernisse aus dem Wege zu raumen; die Mittel diese Hindernisse zu heben, sind, den Feindschaften ausweichen, die Feinde durch Beleidigungen nicht reitzen, zur Aussöhnung bereit seyn. Wenn ich aber dieses thue, habe ich damit schon alle Pflichten, die die Liebe gegen Feinde aufleget, erfüllet? Keineswegs. Die Feindschaften sind nicht nur ein Uebel für mich, sondern auch ein Uebel für meine Feinde selbst. Denn wer Feindschaft ausübet, verderbt sein Herz, er macht seinen edelsten Theil unvollkommen. Diese Unvollkommenheit darf mir nicht gleichgültig seyn: ich muß alle meine Kräfte anwenden, den Unglückseeligen von diesem Uebel zu befreien. Und sind meine Kräfte dazu nicht hinreichend, so muß ich wenigstens betten für ihn. Das heißt seine Feinde wahrhaft lieben, und diese Liebe ist auch Pflicht. Hätte nur der Verf. den Feder etwas aufmerksamer gelesen; er würde gesehen haben, daß dieser rechtschaffene Mann eine solche wahre Nächstenliebe nicht mißkenne. Er sagt ja nur, daß die Selbstliebe weit mächtiger sey, als die Nächstenliebe: und daß jener, welcher sich von den Regungen der Nächstenliebe nicht genugsam antreiben läßt, die Pflichten gegen Feinde zu erfüllen; wenigstens dem weit stärkern Triebe der Selbstliebe gehorchen soll.

Am Ende gestehet der Verf. ein, daß die Beweggründe der Selbstliebe noch nicht jene erhabenen seyen, die das Evangelium vorschreibt. „Allein, fährt er fort, müssen die Vorschriften der Vernunft nicht erst ihre völlige zweckmäsige Bestimmung durch die Offenbarung erhalten? fährt nicht dort der Gottesgelehrte fort, wo der Philosoph stehen bleibt?,, Aber wenn die Vernunft vorschreibt, in allen Handlungen seinen eignen Vortheil zum Zwecke und Beweggrunde zu haben? wie soll die Offenbarung gebiethen, öfters fremdes Wohl an die Stelle dieser Zwecke, und Beweggründe zu setzen? Wenn der Philosoph einen anderen Weg gehet, als der zur Offenbarung führet: wie wird er an jenes glückselige Ziel kommen, zu welchem die Offenbarung ihre demüthige Verehrer hinleitet? wird er nicht an den Gränzen seiner Abwege in Ewigkeit stehen bleiben?

Zum Beschluße des Gutachtens über diesen Lehrsatz sagen die Heidelberger: Selbstliebe kann also der einzige

Grund-

Grundtrieb nicht seyn; denn von daher lassen sich nicht alle Pflichten gegen andere herleiten. Dieses heißt der Verf. eine gelehrte Anmerkung; gestehet aber ein, daß er sie so wenig als ein Kind verstehe. Der allerbeste Mann! hätte er nur diese Anmerkung studiert; er würde gewiß gefunden haben, daß sich nicht alle Pflichten gegen andre aus der Selbstliebe herleiten lassen, und daß diejenigen, die sich noch zur Noth daraus ziehen lassen, vieles von ihrer Stärke, und ihrem sittlichen Werthe verliehren. Denn der sittliche Werth einer Handlung hängt von der Absicht und dem Beweggrunde des Handelnden ab: andere Absichten aber und Beweggründe hat der Selbstsüchtige, als der wohlthätige Menschenfreund.

Endlich weiset der Verf. die Heidelberger Theologen an die Badische Schüler; damit sie von ihnen lernen, was Grundtriebe, Grundsätze, und daraus gefolgerte Pflichten seyen. Lieber Freund! mit Wehemuth muß ich es ihnen klagen, was ich hier sage: Ich hab es schon zuvor gethan, was Sie mir in ihrer Schrift anrathen. Ich hatte die Ehre mit einem Badischen Schüler zu reden, der die Zierde seines Lehrers, und die Blume seiner Schule war. Ich fragte ihn über etwelche Lehrsätze aus der praktischen Philosophie: ich ließ mir Erklärungen und Beweise davon geben: ich machte darauf hin und wider Einwürfe; und da ich sah, daß er in mehreren Stücken irrig ist: wollte ich ihn eines Besseren belehren; ich fand aber, daß er so sehr für seine und seines Lehrers Meinung eingenommen sey: daß meine Bemühung wenigstens für diesesmal fruchtlos war. Nun, dachte ich, wenn irrige Lehrsätze in dem zarten Gemüthe des Jünglings so tiefe Wurzel schlagen; was für böse Früchte werden sie bringen? Wird er nicht mit einer gänzlichen Zuversicht auf eigene Einsichten, und einer gewissen Geringschätzung derer, die nicht so, wie er denken, fremden Belehrungen das Ohr stopfen? wird er nicht, nach seiner vorgefaßten irrigen Meinung, sowohl Offenbarung, als Vernunftwahrheiten auslegen, und beurtheilen?

Ich klage hier nicht über das Verfahren der Philosophen, welche das menschliche Herz durchforschen, alle seine Grundtriebe ausspähen, und die Regeln bestimmen, wodurch sie ihre zweckmäsige Richtung erhalten. Nein, dieses mißbillige ich nicht; ich freue mich vielmehr darüber, und sehe schon zum voraus; was für Licht von daher über die christliche Sittenlehre, und die ganze Gottesgelehrtheit sich verbreiten werde. Aber wenn Lehrer der praktischen Philosophie schlechte Einsichten in die göttlichen Offenbarungen haben; wenn ihre Einsichten in die Philosophie nicht viel besser sind; wenn sie nichtsdestoweniger auf eigne Einsichten stolzen; wenn sie über Sittenregeln ex Cathedra sprechen; wenn sie solche Vertheidiger finden, die sie in ihrer Meinung befestigen; dieses, liebster Freund! thut mir in der Seele wehe, und dieses ist es, was mir mehr, als alle herbe Ausdrücke, in ihrer Schrift mißfallen hat. — Der Grundsatz, der zur guten

Letzte

letzte noch hingesetzet ist, machet die Sache nicht besser; denn in die Stelle des anderen sich setzen, mit ihm empfinden, heißt nichts mehr, als den äussern, und innern Zustand des anderen kennen lernen. Den andern so behandeln, wie man in ähnlichen Fällen vernünftiger Weise behandelt zu werden wünschet, heißt nach dem Systeme der Selbstliebe; wenn man in den Handlungen gegen andere durch die Vorstellung seines Vergnügens, und seines Nutzens geleitet wird, so kann man in ihren Handlungen gegen uns vernünftiger Weise nicht mehres begehren.

II. Abschnitt.

VI. Lehrsatz aus der Sittenlehre:

Zeitliche Güter verachten, wenn man sie rechtmäsiger Weise haben kann — ist allemal Pflichtwidrig.

Prüfung dieses Satzes.

Diesen Lehrsatz will der Verfasser durchaus geltend machen; er verspricht also denselben in seiner ganzen Verbindung zu zeigen. Zu diesem Ende sagt er im Namen seines Klienten: „Ein jeder müsse vorderfamst an seiner eignen Vervollkommnung arbeiten, und dann, ausser den Kollisionsfällen, zum Wohl anderer alles Mögliche beitragen; damit die Vollkommenheit des Ganzen bewirket, und der Willen Gottes erfüllet werde. Die Pflicht für sich

sich zu sorgen, lege einem jeden die Pflicht auf, seine Vollkommenheiten, die er besitzet, äussere und innerliche, des Leibes sowohl, als des Geistes zu erhalten, und immer neue sich beizulegen. Die Vollkommenheiten des Geistes sind immer von höherem Range, als jene des Leibes. Um sich und andre zu vervollkommnen, sey der Mensch auch verbunden, alle Mittel zu diesen Absichten auf eine rechtmäßige Art in seine Gewalt zu bringen. Dergleichen Mittel seyen unstreitig die Tauschgüter — Die Sorge für Tauschgüter seye also Pflicht; sie könnte aber leicht ausarten; wenn man seine eigne grössere Vollkommenheit darüber vergießt. Es könne Subjekte geben, denen bei der Pflicht, zur höchstmöglichen Vollkommenheit hinauf zu steigen, die Sorge für Tauschgüter eine Hindernisse werden kann. Wenn diese nun anderswo ihren nöthigen Unterhalt haben können: so würden sie sogar pflichtwidrig handeln; wenn sie solchen Weg zur Vollkommenheit nicht einschlagen." Bis hieher noch alles gut. Aber warum redet denn der Verf. nur allein von Tauschgütern? Giebt es denn sonst keine zeitliche Güter, als diese? Sind denn jene Güter, die das ganze Sinnliche Vergnügen in sich fasset, lauter ewige? Die Tauschgüter sind nicht so fast an sich betrachtet, dem Menschen erwünschlich, als wegen jenen Sinnlichen Glückseligkeiten, die ihr verschiedener Gebrauch verursachet. Die angenehme Lust, die aus Speis und Trank entspringet; die Bequemlichkeit der Kleider, welche im Winter die beissende Kälte abhalten, und im Sommer die kühlende Lüft-

chen

chen durchstreichen lassen; welche leicht sind, sind auffliegen, und so weiters; die gemächliche Wohnung, die Dienstleistungen anderer, die Macht, das Ansehen, die Ehrenbezeugungen, die man sich auch durch Reichthum verschaffen kann; sind das nicht zeitliche Güter?

Man muß also von diesen Gütern nach den nemlichen Begrifen reden; auch diese sind nur Mittel zur Beförderung höherer Vollkommenheiten. Sie müssen fast alle angewandt werden die Gesundheit, die Stärke, die Hurtigkeit, Leichtigkeit, Schönheit des Körpers, zu erhalten und zu vermehren. Und eben diese Eigenschaften des Körpers machen eine neue Art zeitlicher Güter aus, welche wiederum als Mittel, zur Vervollkommnung des Geistes, als eines edleren Zweckes, abzielen müssen.

Wenn die Sorge für Tauschgüter ausarten kann; so kann vielmehr die Sorge für die Güter des sinnlichen Vergnügens diesem Fehler unterworfen seyn. Aber was wird erfodert, daß sie nicht fehlerhaft sey? Im allgemeinen läßt sich leicht darauf antworten. Man sagt nemlich: die zeitliche Güter müssen so gebraucht werden, daß sie alle, ohne Ausnahm, als nähere, oder entferntere Mittel auf das beste übereinstimmen, die höchste Vollkommenheit des Subjets zu bewirken. Aber was sagt man denn eigentlich? wenn man so antwortet. Das wollen wir ganz kurz aus einander setzen.

Die

Die zeitlichen Güter, so recht zweckmäßig zu gebrauchen, wird die höchste Vollkommenheit des Verstandes, des Willens, und der übrigen Kräfte eines denkenden Wesens erfodert. Vermöge des Verstandes müßte das denkende Wesen alle Dinge, die mit ihm in einem Verhältnisse stehen, auf das vollkommenste erkennen. Und weil hier die Rede von dem Menschen ist: so müßte man alle Theilchen des menschlichen Körpers, ihre Verbindung unter sich, und mit der Seele, alle Fähigkeiten zu leiden, und zu wirken, ganz deutlich und klar einsehen. Gleiche Einsicht würde in Rücksicht auf alle Körper, und selbstständige Wesen, die den Menschen umgeben können, erfodert werden. Hätte nun der Verstand den Menschen, und die Dinge, die ihn umgeben, auf solche Weise durchdrungen; so müßte er alle mögliche Fälle, in denen sie von einander bestimmet und vervollkommnet werden können, genau berechnen; und nach dieser Rechnung, alles, was Einfluß auf die Vollkommenheit des Menschen haben kann, gemäß seiner absoluten und relativen Vollkommenheit, in eine Stufenreihe stellen, die von dem Geringsten bis auf das Edelste und Nutzbareste hinaufreichte. Wäre nun dieser Plan von dem Verstande so richtig entworfen: so müßte der Willen fest, und unbeweglich entschlossen seyn, ein jedes dieser Dinge, nach seinem Werthe, zu schätzen, gut zu heissen, und zu wählen: er müßte alle Kräfte, die in seiner Gewalt sind, wirklich gebrauchen, das, was er gewählet, und so, wie er es gewählet, in die Wirklichkeit zu setzen. Auf

solche

solche Art würde es geschehen, daß der Gebrauch zeitlicher Güter zur Vervollkommnung des Menschen auf das beste abzielete.

Aber wie verhält sich der Mensch zu diesem Muster der Vollkommenheit? Wie ist sein Verstand, sein Willen, wie sind seine übrigen Kräfte beschaffen? Vom Anfange seiner Geburt bis in das 8. 9. 10te Jahr läßt sich kaum ein dunkler Schein des aufgehenden Vernunftlichtes blicken. Alle Kenntnisse, die er sich erwirbt, entstehen durch den Gebrauch äusserlicher Sinne. Nach diesen Kenntnissen entscheidet er das Gute von dem Bösen. Die angenehme Empfindung des sinnlichen Gutes macht ihm dieses wählbar, und die unangenehme des Bösen, das Böse verwerflich. Durch die immer wiederholte sinnliche Empfindungen wird die Begierde zum Guten, und die Verabscheuung des Bösen zur Leidenschaft, die Leidenschaft zur Gewohnheit, die Gewohnheit zur andern Natur. Dadurch geschiehet es; daß der Aufklärung des Verstandes, welcher die, den Sinnen unfühlbare, Wahrheiten und Güter zum Gegenstande hat, die gröste Hinderniß in den Weg geleget wird.

Zu diesem setze man noch hinzu; daß die meisten von der Vervollkommnung ihres Verstandes abgehalten werden, entweders aus Abgang der Zeit, die sie auf andere Geschäfte verwenden müssen; oder des Mutterwitzes, den sie ganz sparsam in ihrer Geburt erhalten haben;

haben; oder der Hilfsmittel, die so vielfältig zur Aufklärung des Verstandes erfodert werden. Man darf nur ein wenig seine Beobachtungen auf die verschiedenen Klassen der Menschen richten; so wird man sehen, wie langsam ihre Schritte sind, die sie zur Vervollkommnung ihres Verstandes, und Herzens machen.

Der Mensch siehet öfters das wahre Gute für Böses, und das wahre Böse für Gutes an. Er schätzet das kleinere Gut höher, als das grössere; und so, wie er siehet, und schätzet, wählet er auch. Die sinnlichen, gegenwärtigen Güter haben mehr Reitz für ihn, als die geistigen, und zukünftigen, die er nur schwach, dunkel, und unvollständig kennet; er vernachläßiget diese, und wählet jene. Das ist, mit einem Worte zu reden, er schätzet zeitliche Güter, die nur Mittel zur Glückseeligkeit seyn sollen, höher, als sie es verdienen. Oder ist es wohl möglich? daß ein Mensch sich verfehle, wenn er nicht zeitliche Güter über ihren Werth schätzet; und kann er zeitliche Güter über ihren Werth schätzen, ohne daß er sich verfehle?

Sind nun die Fehler des Menschen so zahlreich; hat er einen so fast unwiderstehlichen Hang zu den zeitlichen Gütern; ist er durch die fehlerhafte Gewohnheit, dieselbe über ihre Verdienste zu schätzen, so sehr an sie angeklebet: was ist denn für ein Mittel übrig von diesen süssen Fesseln ihn loszureissen? kein anderes, als die Ge-

ring-

eingſchätzung, die Verachtung dieſer Güter; und zwar eine ſolche, wodurch ſie noch unter ihrem inneren Werthe herabgeſetzet werden.

Man muß es mit dem Menſchen machen, wie man es mit einem krummen Zweige macht, den man von ſeinem Stamme geſchnitten hat. Will man haben, daß er gerad werde; iſt es nicht genug, daß man ihn aus ſeiner Krümmung bis in die gerade Linie aufwerts biege; denn ſo würde er wieder in die Krümmung zurück gehen: ſondern man muß ihn auf die gegengeſetzte Seite hinüber krümmen; damit er ſich nicht weiters, als in die gerade Linie, zurück ſtelle. Eben ſo verhält ſich die Sache mit dem Menſchen; will man haben, daß er ſich von dem tiefen Hange zu den zeitlichen Gütern aufrecht herſtelle; iſt es nicht genug, daß man denſelben in der geraden Richtung vor dem Reize dieſer Güter ſtehen laſſe; denn ſo würde er ſich bald wiederum tief zu ihnen hinſenken; ſondern es iſt nöthig, daß man ihn von dem Zeitlichen zu dem Ewigen weit hinüber wende. Will man den Menſchen bis an die Gränzen des an ſich erlaubten Genuſſes zeitlicher Güter hinführen: ſo wird er innerhalb dieſer Gränzen nicht ſtehen bleiben; weil er ſchon gewöhnt iſt, ſie zu überſchreiten; und weil er ſich leicht bereden wird, daß ſie noch nicht ſo nahe ſeyen. Man muß ihn alſo immer in einer Entfernung davon halten, wenn man haben will, daß er ſie nicht überſpringe.

D   Zu

Zu dem, was verliehrt denn der Mensch, wenn es sich den Genuß eines zeitlichen Gutes untersagt? giebt er nicht einen Heller hin, um das Hundertfältige dafür einzukaufen? Wirft er nicht das Mangelhafte, Zergängliche von sich, um desto sicherer nach dem Vollkommnen, Dauerhaften zu greifen? Oder was thut denn der Mensch, wenn er zeitliche Güter verachtet? Zeitliche Güter verachten, heißt sie gering schätzen; gering kann man ein Gut nicht schätzen; wenn man sich nicht ein grösseres Gut denket, in dessen Vergleichung jenes gering ist. Denkt man sich ein grösseres Gut als die zeitlichen sind: so muß man den gedanken von den zeitlichen abziehen, und zu den ewigen wenden. Welche sind denn die ewigen Güter? wenn zeitliche Güter diejenigen sind, die an sich mangelhaft, und nur ganz entfernte Mittel zur Erhaltung des letzten Endzweckes sind: so sind ewige Güter diejenigen, welche an sich vollkommen, und die nächsten Mittel zur endlichen Glückseeligkeit in sich enthalten. Aber wo sind sie anzutreffen diese Güter? Nur allein der Unendliche schliesset selbe in sich ein. Eben deßwegen, weil er unendlich vollkommen ist: so ist er unendlich weit allen erschaffenen Dingen vorzuziehen; und weil er unendlich gütig für den Menschen ist; so ist er unendlich mehr begehrungswürdig, als alle endliche Güter. So bald nun der Mensch seine Gedanken von dem Zeitlichen abziehet: so wendet er sie zu dem unendlich vollkommnen, unendlich gütigen Wesen: er schätzet es wegen seiner Hoheit über alles erschaffene, und vertrauet auf seine Güte mehr,

als

als auf die Güter der ganzen Welt. Von diesem weisen, gütigen Wesen erbittet er sich die Gnade; daß es seinen dunklen Verstand erleuchte, damit er nicht auf dem Wege zur Glückseeligkeit verirre: daß es seinen schwachen Willen befestige, damit er nicht unterliege. Dieses sind nothwendige Folgen, die aus der Verachtung zeitlicher Güter entspringen.

Nebst diesem, welche Menge der physischen Uebel überfällt den Menschen in seinem Prüfungsstande? Diese Uebel sind nichts anders, als Mangel zeitlicher Güter. Wie wird nun der Mensch diesen Mangel mit Geduld, Gelassenheit, Ergebenheit in den göttlichen Willen, übertragen? wenn er nicht gewöhnt ist die zeitliche Güter zu verachten.

Nun wollen wir sehen, wie sich diese Vernunftschlüsse zur Offenbarung verhalten. Man nehme das Evangelium in die Hand, und lese, wo man will: so wird man mit Erstaunung finden; daß die ganze Sittenlehre dahin ziele, den Menschen von dem Zeitlichen abzuwenden, und an das Ewige zu heften. Deßwegen hat Gott so viele Wahrheiten geoffenbaret, die der, sich überlassene, Verstand entweders gar nicht, oder nur dunkel erkannte. Deßwegen hat er so viele übernatürliche Hilfsmittel, und Beweggründe an die Hand gegeben, durch welche der zur Sinnlichkeit hingebeugte Mensch aufgerichtet, und zur Erwerbung unsichtbarer Güter an-

getrie-

getrieben wurde. Das haben die Apostel durch Worte, und Beispiele gelehrt, die eifrige Anhänger der christlichen Religion zu allen Zeiten ausgeübet. Dieses will jene Verläugnung, und Abtödtung seiner selbst sagen. Oder was heißt wohl sich verläugnen, und abtödten? wenn es nicht Verachtung des Genusses zeitlicher Güter heißt. Man lese nur den Apostel Paul, und höre, was er in seinem Sendschreiben an die Philipp. 3. Kap. 8. v. von den zeitlichen Gütern sagt: Hæc omnia arbitror ut stercora, ut Christum lucrifaciam. Was heißt denn dieses auf deutsch; wenn es nicht verachten heißt?

Mit dieser Lehre des Evangeliums und der Vernunft vergleiche man den oben angeführten Lehrsatz: Zeitliche Güter verachten, wenn man sie rechtmäßiger Weise haben kann; ist allemal pflichtwidrig. Gemäß dieses Satzes ist es nicht einmal erlaubt zeitliche Güter zu verachten; denn diese Verachtung ist Pflichtwidrig. Es ist nicht nur überhaupt, in den meisten Fällen, pflichtwidrig; sondern in allen, ohne Ausnahm; so oft man nemlich selbe rechtmäßig, das ist, in Rücksicht auf die Tauschgüter, gemäß der Zwangsrechte, oder wenn man ein recht billiger Ausleger seyn will, gemäß der Rechte der Billigkeit, haben kann.

III. Ab=

III. Abschnitt.

Beantwortung der Einwürfe wider das theologische Gutachten über diesen Lehrsatz.

Die theologische Fakultät zu Heidelberg sagte, dieser Lehrsatz sey besonders, wegen dem Bestimmungswörtchen allemal, keineswegs zu dulden; und führet zum Beweise an

1. Das Beispiel eines heidnischen Philosophen Krates: Der, ob er schon nur ein Heid war, seine Glückseeligkeit in Verachtung zeitlicher Güter setzte. Der Verf. hält ganz sicher dafür, dieses Beispiel beweise nichts; weil der Badische Lehrer nicht die ganze Glückseeligkeit in dem Besitze zeitlicher Güter setzet. — Sagt nicht der Badische Lehrer, die Verachtung zeitlicher Güter sey Pflichtwidrig? Mithin ist diese Verachtung kein Mittel zur Glückseeligkeit. Wenn nun der heidnische Philosoph die Verachtung zeitlicher Güter nicht nur als ein Mittel zur Glückseeligkeit, sondern als einen Theil der Glückseeligkeit selbst ansiehet: ist sein Beispiel dem Badischen Lehrer nicht widersprechend?

Weiters, sagt er, „die Herren Heidelberger müssen keine Schwärmer des Alterthums als Beispiele anführen.„ Diese Erinnerung ist wohl auch so gut, als ein Fleck neben das Loch gesetzt. Führen denn die Heidelberger das Beispiel des Krates deßwegen an; weil er ein heid-

heidnischer Philosoph ist? oder vielmehr deßwegen; weil diese Handlung des heidnischen Philosophen den Beifall der ganzen Nachwelt verdient hat;

II. Das Beispiel des heiligen Bernard, der freiwillig den ihm beimgefallnen Antheil der Badischen Länder seinem Bruder Karl abtrat.

Darauf antwortet der Verfasser: „Weil der heilige Bernard in der Einöde heilig wurde, das er vielleicht als Regent nicht würde geworden seyn: so muß er aus der Zahl derjenigen gewesen seyn; denen Reichthum ꝛc. die erste Hinderniß zur Glückseeligkeit waren.„ Sind denn die Reichthümer ꝛc. wenn sie nicht verachtet werden, nur etwelchen, nicht den meisten, nicht allen, die erste Hinderniß zur wahren Glückseeligkeit? Weiters sagt er: „Ich verehre den Heiligen, welcher der Stimme der Vorsehung (die Ihn vom Throne in die Einöde rufte) so treu folgte.„ Würde Er ihr so treu gefolget seyn, wenn Er nicht schon vorher gelernet hätte, zeitliche Güter zu verachten? — „Nicht alle, fährt er fort, haben Heldenseelen, die sich vom Glanze des Scepters nicht blenden lassen, und sich großmüthig über den Ueberfluß und Reiz hinauszusetzen wissen.„ Welche sind es denn diese Heldenseelen, die der Glanz des Scepters nicht blendet, und der Ueberfluß nicht reitzet? Nicht wahr jene, die schon gewöhnt sind zeitliche Güter großmüthig zu verachten?

III. Das

III. Das feierliche Gelübd der Armuth der von der Kirche gutgeheiſſenen Ordensſtände.

Hier fragt der Verf. erſtens die Heidelberger Theologen, was ſie unter einem Gelübde der freiwilligen Armuth verſtehen; alsdann nimmt er Anlaß, mit dem wärmſten Gefühle der Dankbarkeit ſeinen vormaligen Lehrer zu preiſen, deſſen moraliſche Vorleſungen er zu Heidelberg anzuhören, wie er ſaget, das Unglük hatte. Es iſt doch wunderbar; ich hab auch die moraliſche Vorleſungen eines wahrhaft ehrwürdigen J. zu Heidelberg angehört; und dieſes rechne ich mir zu keinem Unglücke. Dieſer gelehrte, und arbeitſame Mann hat zwar Voits Moral, als ein Schulbuch, gebraucht: Er hat aber die ganze Sittenlehre in ein wohlgeordnetes Syſtem zuſammen gefaſſet, und nach dieſem ſeine Vorleſungen gehalten. Da Er von dem Gelübde der Armuth handelte, gab Er zuvor einen deutlichen, und vollſtändigen Begrif von dem Gelübde überhaupt; alsdann war es leicht zu begreifen, daß ein Gelübb der Armuth jenes ſey: quo vovemus paupertatem. Verſtehet nun der Verf. unter ſeinem J. den nemlichen Lehrer; ſo hat er die böſe Abſicht, einem Manne die Ehre zu rauben, der ſich ſchon durch mehrere trefliche Schriften bei dem gelehrten Publikum ſo rühmlich bekannt gemacht hat.

Was verſtehet aber der Verfaſſer unter einem Gelübde der Armuth? „Er ſeines Orts, ſagt er, denke über

die Lehre von Gelübden, und hier insbesondere, über das Gelübd der Armuth, nach folgenden Begriffen: Ein jeder trachte immer nach der höchsten Vollkommenheit — er studiere seine Kräfte, Umstände, und ganze Verfassung: darnach bestimme er den Weg, den er einzuschlagen hat, um seine erhabenen Endzwecke zu erreichen. „Schon wiederum studieren! der Verf. ist doch ein Erzstudierer. Wie weit kömmt man denn, wenn man immerfort über seine Kräfte, Umstände, und ganze Verfassung studieret? Wird man wohl jemals jene Mittel ausfindig machen können, welche zur Beförderung eigener Glückseeligkeit unter allen die besten sind?

Ich habe oben her schon gezeigt, daß der Mensch jene Vollkommenheit des Verstandes nicht besitze, welche hinreichend wäre, diese Mittel vollständig auszustudieren. Denn wollte man wissen, auf welche Weise der höchstmögliche Grad der Vollkommenheit könne bewirket werden: so müßte man alle Bestimmungen unterscheiden können, die einen Einfluß auf die Vergrösserung, oder Verminderung unserer Vollkommenheit, entweders fürs gegenwärtige, oder zukünftige, haben können. Man müßte einsehen die Wesenheit des eignen Körpers, und aller seiner mindesten Theilchen, den ganzen Grund der Seele, alle Fähigkeiten zu wirken und zu leiden, die wechselseitige Verbindung der Seele, und des Körpers. Man müßte erkennen die Wesenheit aller Körper, die uns umgeben, ihre ganze Verhältniß zu unserm Körper.

Körper. Man müßte schon voraus zu bestimmen wissen, in welche Umstände des Orts, der Zeit, der freiwillig, und nothwendig handelnden Geschöpfe man kommen würde. Denn von allem diesem (und dieses ist es noch nicht alles) hängt die Bestimmung unserer freiwilligen Handlungen ab. Hängt davon die Bestimmung der freiwilligen Handlungen ab: so hängt auch davon der gegenwärtige, und zukünftige Gebrauch der Hilfsmittel zur eignen Vervollkommnung ab. Es ist also offenbar, daß kein Mensch, aus bloßer Ueberlegung seines innern und äussern Zustandes mit Gewißheit bestimmen kann, auf welche Weise er seine Vollkommenheit für die gegenwärtige und folgende Zeit am besten bewirken werde.

Ich gebe gern zu, daß man aus der Beschaffenheit seines Temperaments, seiner Gewohnheiten, seiner Umstände, mit einiger Wahrscheinlichkeit vermuthen kann, ob es zu eigner, und fremder Vervollkommung zuträglicher, oder nachtheiliger sey z. B. Das Gelübd der Armuth abzulegen oder nicht: Aber mit Gewißheit kann man es nicht wissen. Den Ausschlag bei dieser Ungewißheit muß allemal die unendliche Güte des Allwissenden geben. Dieser allein weiß es; auf welche Art, und in welchem Stande wir, sowohl in Gegenwart als in Zukunft die eigne, und fremde Wohlfart am besten besorgen werden. Hat man nicht Beispiele von Leuten, welche schienen, am besten sich in einen Ordensstand zu schicken; die doch bessere Hausväter, als Ordensleute

D 5 würden

würden gewesen seyn? Und im Gegentheil, weis man nicht Geistvolle, und fromme Ordensmänner, von denen man, ihrer vorherigen Verfassung nach, hätte vermuthen sollen, sie würden die Schande ihres Ordens werden?

Wenn man also von keinem Menschen mit Gewißheit sagen kann, daß er sich mehr oder weniger vervollkommnen werde; wenn er ausser oder in dem Ordensstande lebe: so kann man auch nicht behaupten; daß es für ihn natürliche Pflicht sey; das Gelübd der Armuth abzulegen, oder nicht abzulegen. Und da es dem Zustande des Menschen überhaupt angemessener, und zuträglicher ist, zeitliche Güter verachten, als sie werthschätzen: so ist es allemal ein guter evangelischer Rath: durch ein williges Gelübd sich verbinden, zeitliche Güter fahren zu lassen, die man auch rechtmäsiger Weise haben könnte. — So, meines Orts, denke ich von dem Gelübbe der Armuth.

Der Verf. macht endlich, nach langem Studieren diesen Schluß: „der Badische Lehrer sah bei Entwerfung seines Lehrsatzes auf das gewöhnlichste, und allgemeine, und überließ jedem vernünftig Denkenden, nach individuellen Umständen, Ausnahmen von seiner Regel zu machen;„ Das gewöhnlichste und allgemeine wäre also, zeitliche Güter verachten ist Pflichtwidrig? Er überläßt doch wenigstens dem vernünftig Denkenden, Ausnahmen zu machen? ja freilich; denn er sagt ausdrücklich, daß es allemal, in allen individuellen Fällen Pflichtwidrig sey.

Er

Er soll aber, wie der Verf. versichert, bei seinen Vorlesungen die Ausnahmen angemerket, und das Gelübd der Armuth seinen Schülern ehrwürdig gemacht haben? Desto schlimmer, wenn er die Ausnahmen weis, und sie doch in dem allgemeinen Lehrsatze ausdrücklich ausschließet. „Ist aber ein allgemeiner Vernunftsatz darum ketzerisch, wenn das Evangelium für einzelne Fälle und Subjekte Ausnahmen davon macht?„ Wenn aber diese Ausnahmen vielfältig sind, und wenn sie der allgemeine Satz alle ausschließet . . . Jetzt begreiffe ich erst, warum der Widerleger in seiner Geschichtserzählung anrühmt; der Badische Lehrer habe die praktische Philosophie zu seinem Lehrgegenstand gewählet; weil er eine dürre Vernunftlehre und abstrakte Metaphysik zu seiner Absicht nicht hinreichend fand. O wohl dürre Vernunftlehre! wie wenige Früchte hast du bei dem Badischen Lehrer, und seinem Vertheidiger hervorgebracht! Wie hätten sie sonst bei einem allgemeinen Satze, der Ausnahmen ausschließet, Ausnahmen machen können.

IV. Abschnitt.
XXXIV. Lehrsatz.

Aus vernünftigen Begriffen von Gott erhellet, daß Ehrfurcht, Liebe gegen Gott, Anbethung — die unmittelbarsten Folgen der Selbstliebe sind.

Prüfung

Prüfung dieses Satzes.

Diesen Satz zu rechtfertigen, beruft sich der Verf. erstens auf Feders Gedanken über die Pflichten der Liebe, der Ehrfurcht gegen Gott ꝛc.; dann sagt er seine Grundbegriffe darüber; endlich lenket er die ganze Sache auf einen theologischen Streit hinaus, welcher darinn bestehet, ob es eine ganz reine, und uneigennützige Liebe Gottes gebe; oder ob sich allemal etwas vor der eigennützigen Liebe darein mische?

Um zu zeigen, wie weit der Verf. recht hat; will ich zuvor nach philosophischen Gründen untersuchen, worin die Schwierigkeit jenes theologischen Streites liege: alsdann den 34 Lehrsatz entgegen halten, um zu sehen, ob dieser nichts mehr, als eine jener streitigen Parteien der Theologen, behaupte.

Aus vernünftigen Begriffen von Gott erhellet, daß er ein unendlich vollkommenes Wesen sey; dessen Verstand, Willen, Macht, und Güte keine Gränzen haben. Durch den Verstand erkennet er alles, was kennbar ist, auf das deutlichste und vollständigste; durch den Willen schätzet er alle Dinge nach ihrer inneren Güte, und nach dem Nutzen, den sie als Mittel in Bezug auf andere Dinge haben; durch seine Allmacht kann er alles bewirken, was keinen Widerspruch in sich enthält; durch seine unendliche Güte wird er angetrieben, die Kräfte seines Verstandes,

ſtandes, und ſeiner Allmacht zum beſten ſeiner Geſchöpfe zu verwenden.

Obſchon die Vernunft uns ſagt: daß dieſes unendliche Weſen in ſich ganz einfach ſey: ſo können wir doch durch vernünftige Begriffe mehrere Eigenſchaften deſſelben voneinander unterſcheiden, nemlich ſeine Weisheit, Vorſicht, Gerechtigkeit, Allmacht, unermäßliche Güte ꝛc. Dieſe Eigenſchaften können entweder für ſich betrachtet werden, in ſoweit ſie nemlich die innere Vollkommenheit und Glückſeligkeit Gottes ausmachen; oder man kann ſie betrachten in Bezug auf jene Glückſeligkeit, die ſie den Geſchöpfen mittheilen. Betrachtet man ſie auf die zweite Art; ſo ſiehet man hauptſächlich auf die Güte Gottes gegen ſeine Geſchöpfe.

Man ſollte glauben, dieſes allein wäre ſchon Grund genug, auf die Möglichkeit und Pflicht einer uneigennützigen Liebe gegen Gott zu ſchließen. Denn kann man ſich im Verſtande die abſoluten Vollkommenheiten Gottes allein vorſtellen, ohne auf die Relativen zu denken: ſo muß nothwendigerweiſe im Willen eine ſolche Regung entſtehen, die der Vorſtellung von abſoluten Vollkommenheiten entſpricht; dieſe Regung aber kann nichts anders, als eine uneigennützige Liebe Gottes ſeyn. Denn ſtellet man ſich die unendliche Vollkommenheiten Gottes ohne Rückſicht auf eignen Nutzen vor; ſo wird man anfangen den unendlichen Gott über alles endliche zu ſchätzen, ihm zu gefallen

fallen trachten, seine Vollkommenheiten ihm herzlich gönnen ꝛc. Was wäre aber dieses anders, als eine uneigennützige Liebe gegen das unendlich vollkommene Wesen? Allein damit ist die Sache noch nicht ganz ausgemacht; es bleibt noch zweifelhaft, ob sich erstens die Vorstellung der absoluten Vollkommenheiten Gottes von jener der Relativen ganz trennen lasse; zweitens, ob die Liebe des Wohlwollens gegen Gott von aller Selbstliebe könne gereiniget werden. Denn was den ersten Punkt betrift; so ist sowohl in den Gegenständen der Vorstellungen, als in dem denkenden Subjekte selbst eine sichere Verbindung. Die Gegenstände sind die Vollkommenheiten Gottes. Nun diese, wenn sie schon durch die Vernunft voneinander abgesöndert werden, bleiben doch noch in einem gewissen Zusammenhange. Denn nebst dem, daß sie, nach ihrem Wesentlichen betrachtet, ganz eins, und das nemliche sind: so läßt sich aus dem Begriffe einer jeden göttlichen Vollkommenheit, wenn man ihn entwickelt, auf die andere schließen; die Begriffe haben also, nach ihrem Gegenstande betrachtet, immer eine Verwandschaft. Siehet man alsdann auf das denkende Subjekt selbst, so findet man noch mehr Verknüpfung. Nach den Associationsgesetzen hängen sich jene Begriffe zusammen, die man zur nemlichen Zeit im Sinne hat, und die unter sich eine Aehnlichkeit haben; da nun der Mensch gewöhnt ist, fast zur nemlichen Zeit die Güte Gottes gegen seine Geschöpfe zu denken, wann er sich desselben unendliche Vollkommenheiten vorstellet, und da die Vorstellung der absoluten Vollkommenheiten

Got-

Gottes mit jener der Relativen eine Aehnlichkeit hat: so muß es öfters geschehen, daß der Begriff der absoluten Vollkommenheiten auf den Begriff der Relativen hinüberführe. Doch wenn die Vorstellung der absoluten Vollkommenheiten Gottes einen gewissen Grad der Lebhaftigkeit, und Deutlichkeit erreichet hat: mag es geschehen, daß die Vorstellung der Relativen entweders ganz verdrungen, oder wenigstens so geschwächet werde, daß sie nicht mehr fühlbar wird.

Aber gesetzt auch, dieses geschehe wirklich so: wird denn diese lebhafte, und deutliche Vorstellung der absoluten Vollkommenheiten eine ganz uneigennützige Liebe gegen Gott nach sich ziehen? Diese Frage könnte man villeicht ohne Anstand mit ja beantworten; wenn das menschliche Herz so eingerichtet ist, daß es anderen Wesen, die von ihm unterschieden sind, ihre Glückseeligkeit gönne, und den Wachsthum derselben wünsche, ohne seinen Vortheil dabei allemal zu suchen, das ist, wenn Sympathie ein Grundtrieb des menschlichen Herzens ist. Doch auch dadurch ist noch nicht aller Zweifel gehoben. Denn obschon die Sympathie ein Grundtrieb des Menschen ist; so ist sie doch nicht der einzige, sie hat die Selbstliebe zur Seite stehen; und da diese weit mächtiger ist: so kann es mehrmalen geschehen, daß sie die Regungen der Sympathie störe, und ihre eigenen Produkte mit jenen der Sympathie vermische. Wenn aber öftere Uebungen der Sympathie zu einem gewissen Grad hinaufsteigen: können sie,

ohne

ohne Zweifel, die Aeusserung der Selbstliebe entweder ganz verhindern, oder wenigstens so ersticken, daß sie das sympathisirende Herz nicht mehr fühlet.

Nun dieses alles zusammen genommen, läßt doch noch einigen Zweifel übrig; ob es eine ganz reine und uneigennützige Liebe des Wohlwollens *benevolentiæ* gegen Gott gebe, an welcher die Selbstliebe gar keinen Antheil hat. Aus diesem Zweifel wird sich der Tugendfreund am leichtesten zu helfen wissen, wenn er sein eignes Gefühl zu Rathe ziehet. Denn wenn er anfangs die Eigenschaften und Vollkommenheiten Gottes aus den Geschöpfen kennen lernet, wird er Denselben zwar als die Quelle alles Guten betrachten, er wird Ihn als seinen größten Wohlthäter, und gütigsten Vater zu lieben anfangen; wenn er aber den Eigenschaften dieses so gütigen Vaters weiters nachdenket; wenn er ganz unermeßliche Schätze der Vollkommenheiten in Ihm entdeckt; wird seine ganze Seele angegriffen, und in Regung gesetzet werden; er wird über der Betrachtung, Bewunderung, Schätzung, Liebe dieses so vollkommenen Gottes ganz entzücket sich selbst vergessen, und gleichsam ausser sich, in Ihm versenket werden.... Sind aber diese Regungen der Liebe auf das höchste gestiegen, so werden die Kräfte der Sympathie durch diese heftige und länger anhaltende Spannung, zu ermüden anfangen, die noch frischen Kräfte der Selbstliebe werden sich nach und nach wiederum äussern, der Liebende wird anfangen das in

sich

sich so liebenswürdige Wesen als die Quelle zu betrachten, aus welcher für ihn und andere Geschöpfe so häufige Wohlthaten herströmen. Selbstliebe wird wiederum auf Sympathie folgen, und dieses anmuthige Spiel von Sympathie und Selbstliebe wird jenes süsse Band der Freundschaft flechten, welches den Tugendsamen an Gott, und Gott an ihn heftet. Dieses alles wird der Tugendfreund, aber nur allein dieser, fühlen; und mit seinem Gefühle werden die Lehren der Offenbarung, und die Beyspiele jener Heiligen übereinstimmen, die ihr Leben nach der Vorschrift der Vernunft und Offenbarung eingerichtet haben.

Nimmt man aber an, daß Selbstliebe der einzige Grundtrieb menschlicher Handlungen sey: so dürfte es wohl mit der Liebe des Wohlwollens ganz geschehen seyn. Denn in diesem Falle wäre der Mensch, seiner Grundverfassung nach, allein aufgeleget durch die Vorstellung seines Nutzens, und seines Vergnügens bestimmet zu werden. Die Vorstellungen von Gott, als welche von der Willkühr des menschlichen Willens gelenket werden, bekämen eine ganz andere Richtung, sie würden sich nicht anderst auf die Vollkommenheiten Gottes beziehen, als in so weit sie den Nutzen und das Vergnügen des Menschen befördern, das ist, in so weit sie relativ sind: wie die Vorstellungen wären, würden auch die Aeusserungen des Willens seyn. Man würde die Vollkommenheiten Gottes deßwegen über alles schätzen, und lieben; weil

E   sie

sie über alles für den Menschen nutzbar, und vergnügend sind.

Jtzt wollen wir die theologische Streitigkeiten über die Beschaffenheit der Liebe gegen Gott untersuchen. Die Gelegenheit zu diesem Streit gab der berühmte Fenelon, Erzbischoff zu Kamerach. Dieser Geistmann trieb es in seiner Lehre über die Liebe Gottes etwas zu weit. Denn er lehrte nicht nur allein, daß es eine ganz reine, uneigennützige Liebe des Wohlwollens, benevolentiæ, gegen Gott gebe; und daß diese Liebe, durch wiederholte Handlungen, zur Fertigkeit anwachsen könne: sondern er behauptete auch; daß es einen fortdaurenden Stand des Liebens gebe, in welchem der Mensch, ohne alle Rucksicht auf sein eigenes Wohl, ohne Hoffnung einer Belohnung für seine Tugendübungen, ohne Furcht einer zukünftigen Strafe, ja sogar ohne Erwartung jener Glückseligkeit, die doch die nothwendige Folge und Belohnung einer reinen Liebe Gottes ist, immerwährend in Gott, als einem Meere der liebenswürdigsten Vollkommenheiten, versenket, hinleben könne, und daß dieser fortdaurende Stand die höchste Vollkommenheit des Menschen sey, nach welcher er zu trachten hat. Diese Lehre führte Fenelon in einem Buche unter dem Titel: Regeln der Heiligen von dem inneren Leben, weitläuftiger aus; sie ward aber von Innozens dem XII, Römischen Pabste, verworfen, weil sie die Vollkommenheit des inneren Menschen in einen immerwährenden Zustand des Liebens setzte,

ſetzte, der die übrigen Tugenden, der Hoffnung, des Glaubens ꝛc., welche doch auch Pflichten für den Menſchen ſind, ausſchlieſſet. Man kann hierüber nachſchlagen Biners Apparatum Erudit. Par. VIII. pag. 740. part. XII. pag. 362. edit. Auguſt. & Friburg.

Amort nahm aus dieſer Verdammung Anlaß auf die andere Seite auszuſchweifen. Er ſchloß daraus, daß nicht nur der fortdaurende Zuſtand des Liebens, mit Ausſchlieſſung der übrigen Tugenden, von dem Kirchenhaupte verworfen: ſondern daß auch die Fertigkeit (habitus) Gott uneigennützig zu lieben verdammet ſey. Iſt nun die Fertigkeit zu lieben verdammet; ſo iſt auch die einzelne Handlung einer ſolchen ganz uneigennützigen Liebe verdammet; denn die Fertigkeit zu lieben muß aus einzelnen Handlungen der Liebe erzeuget werden.

Man ſiehet leicht ein, worinn die irrige Meinung des Amorts hafte. Dieſer Theolog unterſchied nicht genug zwiſchen einem ſtetig anhaltenden Zuſtande des uneigennützigen Liebens, und einer Fertigkeit zu lieben. Es können mehrere Fertigkeiten zu gleicher Zeit in dem menſchlichen Herze liegen, und alle können ihre eigene Wirkungen, auf gewiſſe Veranlaſſungen, haben; aber ein immerwährender Zuſtand der ganz reinen Liebe Gottes ſchlieſſet alle übrige Tugenden, die ſich auf eigenes Wohl beziehen, für immerwährend aus. Man ſchlage Amorten ſelbſt nach: Theologia eclectica tomul. V. pag. 152. & ſeqq.

Doch,

Doch, obschon Amort behauptet, daß die Liebe gegen Gott nicht ganz rein, und uneigennützig seyn könne: so sagt er doch nicht, daß sie ganz eigennützig sey. Er giebt zu, daß es eine wahre Liebe des Wohlwollens gebe; die aber allemal eine Liebe des Eigennutzes (concupiscentiæ) mit sich führe. Man darf sich nicht wundern; daß dieser sonst grosse Theolog auf diese Meinung verfallen ist; die enge Verwandtschaft zwischen Selbstliebe, und Sympathie kann einen Mann, der die Grundtriebe des menschlichen Herzens nicht genug studieret hat, in Verwirrung setzen. Wenn schon die Liebe des Eigennutzes, und des Wohlwollens ihre eigenen Gegenstände, und Beweggründe haben; mithin an, und für sich, zwei verschiedene Handlungen sind: so können sie doch für eine einzige vermischte Handlung angesehen werden. Denn erstens sind ihre Gegenstände selbst in Verbindung. Der Gegenstand der uneigennützigen Liebe ist die Güte Gottes in sich betrachtet; der Gegenstand der eigennützigen eben diese Güte in Rucksicht auf uns Menschen; muß aber nicht ein in sich unendlich gütiges Wesen eben darum für seine Geschöpfe gütig seyn? Zweitens liegen die zwei Grundtriebe der Selbstliebe und Sympathie sehr nah an einander; sie wirken wechselweis, nach dem die Vorstellung die ihnen eigene Gegenstände vorhält. Drittens geschieht es öfters, besonders bey Leuten, die über Himmel und Erde philosophiren, aber sich dabei vergessen; daß man Empfindungen, und Handlungen, die aus mehreren einzelnen zusammen gesetzet sind, für einfache hält.

hält. Zuweilen ist der Uebergang von einer Empfindung oder Handlung auf die andere so schnell, daß sie in einander zu schmelzen, und nur eine zu seyn, scheinen. Beispiele hierüber anzuführen wäre überflüßig. Es ist also kein Wunderding, wenn es Theologen gegeben hat, und noch giebt, welche meinen, die Liebe gegen Gott sey niemal ganz uneigennützig; obschon der Mensch von Natur aus nicht nur zur Selbstliebe, sondern auch zur Liebe gegen andere aufgelegt ist.

Nun aber wie stehet es mit dem 34. Lehrsatze des Badischen Lehrers? Da heißt es, daß die Liebe gegen Gott — die unmittelbareste Folge der Selbstliebe sey. Es ist also die Selbstliebe nicht nur der einzige Grundtrieb aller menschlichen Handlungen, mithin auch der Liebe Gottes: sondern diese Liebe ist sogar die unmittelbareste Folge der Selbstliebe. Behauptet man nur allein so viel; daß die Selbstliebe der einzige Grundtrieb des Menschen sey: so läßt sich schon daraus durch eine richtige Folge schließen: daß es keine wahre Liebe des Wohlwollens geben könne; wie ich vorhin schon angezeiget habe. Sagt man aber, daß die Liebe Gottes die unmittelbareste Folge der Selbstliebe sey: so ist es offenbar, daß nach diesem Grundsatze alle Liebe gegen Gott ganz selbstsüchtig, und eigennützig seyn müsse. Hätte der Badische Lehrer bei diesem Lehrsatze weiter nichts gesagt, als daß die Liebe gegen Gott eine Folge der Selbstliebe sey: so hätte er nichts mehres behauptet; als was er in dem 12 Lehrsatze gesagt hat; und die Falschheit des 34 Satzes hätte auf der Falschheit des 12 beruhet. Man hätte glauben können, der Verf. dieses Satzes wolle sagen: die vollkommene Liebe Gottes entspringe zwar unmittelbar aus der Sympathie; wenn man aber durch eine längere Folgenreihe ihren Ursprung aufsuchen will, werde man diesen in der Selbstliebe finden; und wiederum, wenn man von einer solchen Liebe Gottes vorwärts auf ihre Wirkungen gehet; so werde man sehen, daß sie sich am Ende in die Selbstliebe auflöse. Diese Folgerungen würden zwar unrichtig gewesen seyn: aber die Liebe des Wohlwollens wäre doch nicht gerade zu hinweg gelaugnet gewesen. Nun aber heißt es, daß die Liebe Gottes die unmittelbareste Folge der Selbstliebe sey. Selbstliebe beschäftiget sich allein mit der Vorstellung des eigenen Wohls; durch diese Vorstellung wird der Selbstliebende in Bewegung gesetzet das zu thun, was er erkennet, und in soweit er es erkennet, für eigenes Wohl zuträglich zu seyn. Er stellet sich Gott als ein Wesen vor, daß seine Wohlfart am meisten befördern kann; durch diese Vorstellung wird er bestimmt, Gott als seinen grösten Wohlthäter, weil er dieser ist, und in soweit er es ist, zu lieben. Das sagt der Satz: Selbstliebe ist der einzige Grundtrieb menschlicher Handlungen, Liebe gegen Gott ist die unmittelbareste Folge derselben. Wie kömmt nun der sogenannte Widerleger dazu, auf die Theologen und ihre Gutachten so unverschämt zu schimpfen, und zu lästern? Konnten sie anders, ohne Verletzung ihres Gewissens, als diesen Lehrsatz verwerfen? Warum sagt er, dieser fer Satz enthalte nichts mehr, als was Amort, und etwelche mit ihm gelehret haben? Amort gibt noch eine Liebe des Wohlwollens zu, und sagt die Liebe des Eigennutzes vermische sich nur damit; dieser Satz behauptet, daß mit der Liebe des Eigennutzes nichts, oder fast gar nichts von der Liebe des Wohlwollens vermenget sey.

VI. Abschnitt.
Beantwortung der Einwürfe wider das theologische Gutachten über diesen Lehrsatz.

Wo der Widerleger zeigen will, daß die Liebe Gottes aus der Selbstliebe entspringt, macht er ein eitles Sophisma. Denn da er zeigen sollte; daß die Liebe Gottes und die Selbstliebe durch die Vorstellung der nemlichen Gegenstände, und Beweggründe bestimmet werden: erkläret er nur; wie sie der Zeit nach aufeinander folgen: nemlich, daß der Mensch, wenn er zum Gebrauche seiner Vernunft kömmt, erstlich sich, und alle zufällige Dinge erkenne; daß er die Ursache derselben in einem höheren Wesen finde; daß er aus den Vollkommenheiten der erschaffenen Dinge auf noch weit größere des Schöpfers schließe; daß er den Schöpfer erst als Wohlthäter liebe: und alsdann, wann er den unermeßlichen Schatz der Vollkommenheiten Gottes entdecket, ein so heftiges Gefühl der Liebe empfinde; daß er sich selbst darüber vergesse. Wie? wenn dieses Gefühl der Liebe das Gefühl der erregten Selbstliebe ist; warum vergißt denn der Mensch sich selbst darüber?

Endlich führet der Verf. Feders Lehre über die Pflichten gegen Gott zur Rechtfertigung dieses Satzes an. Ich erstaunte Anfangs darüber, wie es möglich wäre, daß man Federn zur Rechtfertigung dieses Satzes anführen könne. Feder läugnet ja nicht, daß Sympathie ein Grundtrieb des Menschen sey; er sagt nicht, daß alle Pflichten gegen Gott, alle Liebe Gottes, allein aus der Selbstliebe entspringe; vielweniger, daß sie unmittelbar daraus folge. Er lehret noch ausdrücklich in seinem Lehrbuche der praktischen Philosophie dritt. Hauptst. Sie, die Liebe zu Gott, sey uneigennützig; indem derjenige, der Gott rechtschaffen liebt, ohne weitere Absicht ihn liebt, weil er ihn lieben muß um seiner Güte willen; Kein Verdienst aus seiner Liebe sich machet, noch vielweniger die Grade derselben abmisset nach dem Werthe der Güter, die er von Gott empfangen zu haben glaubt, oder noch zu erhalten hoffet.

Hat denn der Verf. den Feder gar nicht gelesen, oder gar nicht verstanden? keines läßt sich vermuthen. Woher kömmt es denn, daß er sich hier auf ihn berufet? Ich kann mir keine andere Ursache denken, als diese: der gute Herr dachte ganz sicher, die Heidelberger und Straßburger Theologen haben Federn nicht gelesen (denn dieses Lob spricht er ihnen auf allen Seiten seiner Schrift) wenn ich nun Federn mit ins Spiel ziehe, einen Mann, der sich durch den ausgebreiteten Ruhm seiner Gelehrsamkeit grosses Ansehen erworben hat, der auf katholischen Schulen

Deutsch-

Deutſchlands, und beſonders in Oeſtreich vorgeleſen wird: ſo kann ich die elende Theologen mit dem Anſehen dieſes Mannes, mit dem Gewichte der Schuldirektoren und Lan‑ desregenten ſelbſt auf einmal zu Boden ſchlagen. — Aber iſt das redlich, iſt das rechtſchaffen gehandelt? Heißt das nicht einen Mann, der ſo behutſam, und ſo ſelten ent‑ ſcheidend ſpricht, falſche Sätze andichten, und ihn bei dem Gutgeſinnten verdächtig machen? Heißt das nicht die Schulvorſteher und Regenten beſchuldigen, daß ſie durch Genehmigung dieſes Lehrbuches auch jene Sätze gutgeheißen hätten, die wirklich von zwei theologiſchen Fakultäten ſind verworfen worden? Heißt das nicht Landesherren, die für die Wahrheit eifern, in Bewegung bringen, da man Ihnen die Falſchheit unter dem Scheine des Wahren dar‑ ſtellet? Heißt das nicht einen Biſchoffen, der ſo preiß‑ würdig für die Aufrechthaltung der reinen Glaubens‑ und Sittenlehre wachet, die Hirtenſorge zu erſchweren ſuchen? Heißt das nicht dem ganzen Publikum die verderblichſten Aergerniſſe geben? O der Patriot! der Menſchenfreund! der Verbeſſerer des menſchlichen Geſchlechtes!

Zum guten Beſchluße ſagt er noch: die Theologen ſprechen, um Gunſt und Geld, wie man's gerne hört. — Dieſe Auslegung rührt auch von einem Uebermaß der Billigkeit her, die ſich der Verf. zum Geſätze gemacht hat. Doch, wenn er einem aufrichtigen Geſtändniße etwas glauben will; ſo muß ich ihm ſagen, daß es mir recht herzlich leid war, als ich hörte; daß der Verfaſſer dieſer

Sätze, die ich bereits schon gelesen hatte, ein öffentlicher Lehrer zu Baden, ein Weltgeistlicher sey. Ich ward böß über ihn, und rief öfters bei mir selbst aus; der Unvorsichtige! warum hat er denn zuvor keinen guten Freund um Rath gefragt? warum hat er sich nicht dahin gewendet, wo er hergekommen ist? Gewißlich, er würde da Männer gefunden haben, die sowohl in die theologische als philosophische Wissenschaften tiefe Einsichten haben, und die sich ein Vergnügen würden daraus gemacht haben, ihn eines besseren zu belehren. Aber so sehr ich wünschte, daß diese Sätze niemal das Tageslicht erblicket hätten: so wenig konnte ich sie, ohne Verletzung meines Gewissens, gutheißen. Ich zweifle nicht, meine Herren Kollegen werden von der nemlichen Gesinnung gewesen seyn.

III. Hauptstück.
Anmerkungen über die Beurtheilung des Straßburgischen Gutachtens, in soweit es, nebst den drey bisher abgehandelten Sätzen, noch etwelche andere auszeichnet.

Nachdem der Herr Beurtheiler das Heidelbergische Gutachten so gründlich beurtheilet, und widerlegt hat, begibt er sich an das Straßburgische, und beurtheilt dieses, in soweit es noch etwelche Sätze besonders, als anstößig, auszeichnet, mit gleicher Gründlichkeit, Billigkeit, und

Men=

Menschenliebe, als er bisher gethan hat. Ich zweifle nicht, die Herren Straßburger werden ihm nach Verdiensten zu begegnen wissen: doch will ich etliche kurze Anmerkungen darüber machen.

Aus der Sittenlehre

1. Satz.

Erhalte dein Leben und alles das, was zu deiner Natur, und zur Vollkommenheit derselben gehöret; ist die Grundpflicht, welche die Vernunft einem jeden Menschen gegen sich selbsten vorschreibt.

Erstens führt der Verf. die Gegengründe der Herren Straßburger auf folgende Art an: die Erhaltung seiner selbst, kann nicht die Grundpflicht, in der Reihe der Pflichten seyn; denn es sind Umstände, wo man seine eigene Erhaltung dem Wohl anderer, dem Dienst des Vatterlandes, und der Vertheidigung der Wahrheit aufopfern könne, und müßte. Das Evangelium gebietet ihnen die nicht zu förchten, welche nur den Leib, nicht aber die Seele tödten, sondern vielmehr den, der Leib und Seele zu Grund zu richten in seiner Gewalt habe. Grundpflicht des Menschen ist also die Bewirkung des letzten Zweckes, für den er geschaffen ist.

Nach diesem vergißt er nicht die Glieder der theologischen Fakultät nach seiner löblichen Gewohnheit, auch
nament=

namentlich zu preisen, und gibt alsdann diese Vorschrift: Wenn man eine Haupt- und Grundpflicht angibt, aus welcher die übrigen Pflichten, z. B. gegen sich selbst, richtig und ungezwungen sich herleiten lassen: so muß diese Pflicht blos an und für sich auſſer allen Kolliſionsfällen betrachtet werden. — Hätte der Badiſche Lehrer dieſe Einſchränkung bei ſeinem allgemein hingeworfenen Grundſatze bemerket: ich zweifle nicht, er würde anderſt beurtheilet worden ſeyn. Uebrigens, wenn man dieſen Satz genau erweget, ſo ſagt er nichts anders, als was der 12te aus der allgemeinen Philoſophie: Selbſtliebe iſt der einzige Grundtrieb des Menſchen, behauptet. Und hat der Badiſche Lehrer ſeinem Syſteme der Selbſtliebe getreu bleiben wollen, ſo konnte er auch dadurch nichts anderes ſagen. So unrichtig nun jener iſt, eben ſo unrichtig wäre auch dieſer.

2. Satz.

Selbſtmord kann in keinem Falle zur Pflichtmäſigen Handlung werden; wohl aber Verſtümmlung des Körpers.

Dieſen Satz halten die Herren Straßburger Theologen male sonans; indem der Selbſtmord, gemäß dieſes Satzes, wenn er ſchon niemals eine pflichtmäſige Handlung wäre, doch in einigen Fällen wenigſtens nicht pflichtwidrig ſeyn würde.

Der Verfaſ. fertiget dieſen Einwurf, ſeiner Meinung nach, kurz ab; indem er ſagt: Nach der Sittenlehre des

Badischen Lehrers, welches die Sittenlehre eines jeden ehrlichen Mannes seyn muß, gibt es keine ganz gleichgültige Handlungen, vielweniger wird er den Selbstmord dafür halten wollen.

Ich bin auch so ehrlich, daß ich dafür halte, es gebe keine in sich ganz gleichgültige Handlungen; denn eine jede individuelle Handlung ist ganz bestimmet: sie hat von allen möglichen Bestimmungen, entweder die Bejaende, die was Sachliches setzet, oder die Verneinende, die was Sachliches aufhebt. Alle Bestimmungen einer solchen Handlung stimmen entweder auf das beste überein zur bestmöglichen Vervollkommnung des Handelnden, oder nicht; im ersten Falle ist die Handlung gut, im zweiten nicht so gut, mithin in soweit böß; es ist also eine jede Handlung an sich, nach ihrem materiellen und physischen Gehalt, entweder gut oder böß. Erkennet aber auch der Handelnde, in allen Fällen, alle diese Bestimmungen der Handlung, samt ihrem nähern, und entferntern Einfluß auf seine grössere Vervollkommnung? Gewißlich nicht. Es kann also eine Handlung, in soweit sie erkennet wird, und in soweit sie zum Lobe, oder zur Schande kann gerechnet werden, das ist, nach ihrem formellen Gehalt, ganz gleichgültig seyn. Und sollte es noch keinen unter den Sterblichen gegeben haben, der sich beredet hätte, daß der Selbstmord, wenn er schon nicht gebotten ist, doch in gewissen Umständen eine erlaubte Handlung sey?

16. Satz.

16. Satz.

Vergesse deine eigne Wohlfahrt nicht, über die Vortheile anderer.

Diesen Satz nennen die Herren Straßburger wiederum male sonans, und beweisen es aus dem H. Paulus 2. Br. zu den Korinth. 12. K. 14. v. ꝛc. Der Verf., damit er den Satz mildere, und mit der Offenbarung verbinde, erkläret hier, wie die Pflichten gegen sich, den Pflichten gegen andere, in manchen Fällen nachstehen müssen.

Die Erklärung ist schon gut, aber sollte man nicht diesen Satz als eine Folge des 12. aus der allgemeinen praktischen Philosophie ansehen? Wenn der Badische Lehrer seinem Grundsatze von der Selbstliebe gemäß reden wollte: so mußte er bei diesem Satze erinnern; daß die eigne Wohlfahrt immer die Hauptabsicht, und der letzte Beweggrund bei den Wohlthaten gegen andere seyn müsse; und diese Lehre dürfte wohl etwas mehr, als male sonans seyn.

22. Satz.

Gründe, die wider die Vielweiberey streiten, haben vor jenen, die für dieselbe angeführt werden, das Uebergewicht;

Diesen Satz nennen die Herren Straßburger ebenfalls male sonans; denn nach diesem Satz, sagen Sie, wäre

wäre die Lehre, welche verbietet zwei Weiber zugleich zu haben, nur wahrscheinlich, da sie doch aus der Vernunft und dem Evangelium ganz gewiß ist.

Der Verf. unterscheidet hier zwischen Vernunft, und Offenbarung: als eine Vernunftwahrheit betrachtet, sey der Satz vor dem entgegengesetzten mehr wahrscheinlich, als Ausspruch der ewigen Wahrheit, ganz gewiß und unbezweifelt.

Läßt sich aber die Offenbarung von der Vernunft, wenigstens in der Ausübung trennen? Giebt es Leute, die allein nach der Vorschrift der Vernunft, nicht aber zugleich der Offenbarung, leben dürfen? Wenn also der christliche Lehrer aus der Offenbarung weiß; daß der Satz gewiß ist, den die Vernunft nur wahrscheinlich macht: ist es rathsam, daß er seine Lehrlinge in der Ungewißheit läßt? würde er nicht sicherer gehandelt haben, wenn er bei seinem Satze die Einschränkung hinzugesetzet hätte: *Die Gründe wider die Vielweiberey, in so weit sie aus der Vernunft allein erkennet werden rc.*

Zum Beschlusse sagen die Herren Straßburger: ein Lehrer der praktischen Philosophie seye nicht zu entschuldigen, wenn er die Offenbarung von der Vernunft trenne; und mißbilligen alsdann den Gebrauch, dergleichen Sätze aus der Sittenlehre in deutscher Sprache abzuhandeln. Darüber macht der Verf. seine Beleuchtungen. Er fängt sie aber mit solchen Schmähungen wider eine ganze theologische Fakultät an; daß ich das weitere, auch

des

des Guten wegen, ſo noch darin vorkömmt, kaum mehr leſen konnte.

Es iſt zwar wohl gethan, wenn die Vernunft aus eignen Kräften der Wahrheit nachſpüret, und ſelbe verfolget, ſo weit es möglich iſt; aber ſie muß ſich immer von der Offenbarung an der Hand führen laſſen, damit ſie nicht auf Abwege gerathe; ſie muß von ihr jene Wahrheiten demüthig lernen, die ſie für ſich ſelbſt einzuſehen nicht vermögend iſt.

Die lateiniſche Sprache wird für den Theologen, Rechtsgelehrten, und auch den Ärzten immer unentbehrlich bleiben. Die Quellen, aus denen ſie ſchöpfen müſſen, ſind Bücher, die urſprünglich in lateiniſcher Sprache abgefaſſet ſind. Es iſt nun einmal ſo, es ſtehet nicht mehr in unſerer Gewalt zu machen, daß ſie nicht in dieſer Sprache geſchrieben ſind. Die lateiniſche iſt eine todte Sprache; ſie iſt alſo ſchwerer zu erlernen, als eine lebende. Der Jüngling beſchäftiget ſich lieber mit ſeiner Mutterſprache, als mit einer anderen. Hört man in der Philoſophie ſchon auf die lateiniſche Sprache zu üben, ſo wird ſie bald ganz vernachläßigt, und vergeſſen ſeyn. Dem Deutſchen unſers Jahrhunderts gereicht es allerdings zur Ehre, daß er ſich mit allem Ernſte auf die Vervollkommnung ſeiner Sprache verwende. Aber eben darum muß man Achtung haben; daß die lateiniſche Sprache nicht zu viel darunter leide. Die Sprachen haben ſo, wie die Wiſſenſchaften, ihren Modewechſel, ſteigt die eine zu hoch, ſo fällt die andere zu tief.

Am

Am Ende giebt der Verf. den jungen Gelehrten noch eine heilsame Wahrnung, die meines Erachtens das beste und vernünftigste in seiner ganzen Schrift ist: obwohlen auch darin ein- und der andere unschickliche Ausdruck mit einschleichet. Ich will das meiste davon hieher setzen. „Uebrigens muß ich Ihnen auch freimüthig bekennen, daß ich die Verfahrungsart des Badischen Lehrers, und mit ihm noch vieler anderer jungen Gelehrten nicht billige. Klugheit, mein Freund! Diese treue Führerin, fehlt fast allgemein diesen Männern, sie verlassen sich zu sehr auf ihre gute Sache, wollen auf einmal alle Vorurtheile verdrängen, und das alte leere Gewäsche der Scholastiker zernichten; Sie denken nicht an den wahren Satz des frommen Gellerts, was wäre der Mensch ohne Vorurtheile? Sie bedenken nicht, daß sie eben dadurch den Boshaftgesinnten reitzen, um ihre gute Sache auf alle Art zu hindern. Würden doch nur unsre noch aufkeimende Genies darauf ihre Hauptrücksicht nehmen, bei der Wiederherstellung des Menschen langsam zu gehen, ihre guten Grundsätze durch ihr eignes männliches und rechtschaffenes Betragen annehmlicher zu machen, eine jede Gelegenheit, mit Vorsicht und Klugheit in der Stille benutzen; Regenten und Grosse durch die in die Augen fallende Realitäten ihrer Verbesserungen für ihre Sache zu interesiren; dort sanft nachzugeben, wo das Uebergewicht der Vorurtheile und Pedanterey noch gar zu groß ist; vor allem aber unermüdet die ihnen anvertraute Jugend bearbeiten, sittliche Grundsätze tief in die zarten Herzen

F

zen senken, und frühzeitig zur thätigen Ausübung angewöhnen. — „ Schöne Ermahnungen! gute Lehrsätze! hätte sie doch der Verf. der sie gegeben hat, selbst befolget! würde er sie wenigstens in Zukunft befolgen!

Wirklich, da ich dieses schrieb, erfuhr ich, daß durch ein öffentliches Dekret des hochwürdigsten Bischoffes und Fürsten von Speyer, diese Schrift, die ich zu widerlegen bemühet war, verdammet sey. Diese Nachricht war mir auffallend, und machte meine ganze Seele rege. Mit tiefester Ehrfurcht verehrte ich den Ausspruch des Bischoffes, Der durch göttliche Anordnung gesetzet ist, die Ihm anvertraute Kirche zu regieren, Der mit einsichtsvollem und heiligem Eifer die grossen Absichten seines hohen Berufes in voller Maaße erfüllet: Ich erfreute mich über meine obwohl geringe Bemühung, weil ich glaubte, dadurch der Wahrheit und Religion wenigstens einen kleinen Dienst geleistet zu haben: ich ward aber auch bekümmert, ob ich die Rechte der Wahrheit und der Religion nach ihrem Verdienste vertheidigt hätte; indem ich wußte, daß ein schlechter Vertheidiger die beste Sache verschlimmere. Doch sollten es die Umstände erfodern ein- und den anderen Satz ausführlicher und nachdrücklicher zu erweisen, so soll es, mit der Hilfe Gottes, in Zukunft geschehen. Unterdessen will ich nicht nur zur Rechtfertigung der theologischen Gutachten, sondern auch dieser meiner Schrift selbst das Bischöfliche Dekret wörtlich beifügen.

Nos

Nos Auguſtus Dei gratia Epiſcopus Spirenſis, Eccleſiæ Principalis Weiſſenburgenſis Præpoſitus, Sacri Romani Imperii Princeps, Comes de Limburg Stirum &c. &c.

Ea nunquam non fuit quorundam agendi ratio, quemadmodum plurium jamdum, noſtri autem præcipue ſeculi experientia comprobat, ut dum veritatis hoſtes aperta fronte eam impugnare non auderent, tenebricoſis id larvatisque & ſine nomine, loco aut ſaltem venia profuſis in lucem ſcriptis efficere conarentur. Saluberrime proin dudum tum ab Eccleſiaſtica, tum Seculari Poteſtate ad reprimendam ejusmodi audaciam conſtitutum fuit, nequid niſi approbatione prævia pro materiarum diverſitate munitum typis ederetur; quam quidem legem nos non ita pridem pro Diœceſi noſtra verbis graviſſimis renovavimus. Eſſe vero nihilominus dolemus, quorum proptervia tam grave, tanta utriusque Poteſtatis authoritate munitum, tam repetitum ſuperiorum ſuorum mandatum contemnere conſcientiæ ſuæ ratione inſuper habita non dubitat, ſiquidem doctrinam moralem Apoſtoli qui ſuperioribus etiam ob conſcientiam obediendum eſſe vult, & non Pſeudophiloſophiæ cujusdam ſequi velint; id quod non ſolum Clerici noſtri WIHRL, ſed & ejus Apologetæ, ſive authoris ſchediaſmatis ſub titulo: Sendſchreiben an einen Freund, in welchem die Beurtheilungen der theologiſchen Fakultäten in Heidelberg und Straßburg gründlich widerlegt werden, exempla comprobant. Partum huncce clancularium, ne fuco quodam minus peritis imponat, pro tradita nobis a Deo judicandi in rebus fidei & morum authoritate, habita matura deliberatione, cum non aperta ſolum adverſus factorum veritatem mendacia &

calum-

calumnias, sed & doctrinam plane perversam contineat debito stigmate notandum judicavimus. Atque idcirco dictum schediasma, tanquam complectens propositione falsas, erroneas, scandalosas, temerarias, a sensu Catholicæ Ecclesiæ plane alienas, hæresi faventes condemnamus, insuperque, siquidem ejus Author fortassis sit clericus jurisdictioni nostræ subjectus, eum in debitam proterviæ suæ pœnam ab officio & beneficio suspendimus, suspensumque, atque inde, si censuræ isti se conformiter gerere detrectarit, irregularem quoque, prout jam alias iuris est, declaramus. Eum quoque vel eos, qui ex Clero nostro impressionem dicti schediasmatis quoquo modo adjuverint, pariter suspendimus atque suspensum vel suspensos eadem ratione hisce pronuntiamus. Præterea, siquis ex Clero nostro vel seculari vel regulari ulla ratione in posterum aliquid sive intra sive extra Diœcesin nostram imprimi typis curaverit, aut impressionem quoquo modo adjuvare ausus fuerit, quin prius nobis pro censura debita exhibitum fuerit, hunc itidem ipso facto etiam sine ulla alia declaratione accedente ab officio & beneficio suspensum esse volumus. Porro adversus dicti schediasmatis Authorem, aliosque hujus mandati nostri transgressores, si quo tempore in notitiam nostram pervenerint, alia adhuc ad compescendam eorum audaciam idonea nobis hisce reservamus, condemnationem autem declarationemque hanc nostram atque mandatum, ut nemo ignorantiam prætexere queat, Universæ Diœcesi nostræ communicari volumus. Datum Bruchsaliæ in curia nostra episcopali die X. Martii MDCCLXXXI.

AUGUSTUS
Episcopus & Princeps Spirensis.

(L. S.)